故事爸妈进课堂

优秀案例集

李海萍 / 主编

杨州　李艳芳 / 副主编

中国出版集团　现代出版社

图书在版编目(CIP)数据

故事爸妈进课堂优秀案例集 / 李海萍主编. — 北京：
现代出版社，2021.8

ISBN 978-7-5143-9386-6

Ⅰ.①故… Ⅱ.①李… Ⅲ.①阅读课—教案（教育）—
小学 Ⅳ.①G623.232

中国版本图书馆CIP数据核字（2021）第163429号

故事爸妈进课堂优秀案例集

作　　者	李海萍	
责任编辑	张　璐	
出版发行	现代出版社	
地　　址	北京市安定门外安华里504号	
邮政编码	100011	
电　　话	010-64267325　64245264	
网　　址	www.1980xd.com	
电子邮箱	xiandai@cnpitc.com.cn	
印　　制	北京政采印刷服务有限公司	
开　　本	710mm×1000mm　1/16	
印　　张	10.75	
字　　数	172千	
版　　次	2021年8月第1版　　2021年8月第1次印刷	
书　　号	ISBN 978-7-5143-9386-6	
定　　价	45.00元	

目录

第一章
故事爸妈课堂活动设计方案

第一节　拥抱规则与自然 ························· **2**

绘本故事《谁吃了我的苹果》活动设计方案 / 谭凤莲 ········ 2

绘本故事《图书馆狮子》活动设计方案 / 林洁珠 ········· 9

绘本故事《尼尔森老师不见了》活动设计方案 / 卢怿 ······· 16

绘本故事《汤姆走丢了》活动设计方案 / 邹佳丽 ········· 22

第二节　追寻个性自我 ························· **26**

绘本故事《我不知道我是谁》活动设计方案 / 刘春暖 ······ 26

绘本故事《佩泽提诺》活动设计方案 / 陈佩虹 ·········· 31

绘本故事《小威向前冲》活动设计方案 / 刘冰丽 ········· 35

绘本故事《大脚丫跳芭蕾》活动设计方案 / 刘晶 ········· 39

绘本故事《我是独特的，我就是我！》《点》活动设计方案 / 竺春 ··· 45

绘本故事《肚子里有个火车站》活动设计方案 / 竺春 ······ 48

绘本故事《牙齿大街的新鲜事》活动设计方案 / 竺春 ······ 52

第三节　感受爱与温暖 ························· **56**

绘本故事《逃家小兔》活动设计方案 / 李莉萍 ·········· 56

绘本故事《我的妈妈真麻烦》活动设计方案 / 汤英祥 ······ 62

绘本故事《永远永远爱你》活动设计方案 / 林绍容 ······· 67

绘本故事《朱家故事》活动设计方案 / 林绍容 ……………………… 70

绘本故事《爱心树》活动设计方案 / 陈佩虹 ……………………… 74

绘本故事《先左脚再右脚》活动设计方案 / 陈佩虹 ……………… 80

绘本故事《卖火柴的小女孩》活动设计方案 / 范翔 ……………… 83

绘本故事《隧道》活动设计方案 / 池冬玲 ……………………… 86

绘本故事《爷爷一定有办法》活动设计方案 / 李东泽妈妈 ………… 90

绘本故事《妈妈心·妈妈树》活动设计方案 / 林洁珠 ……………… 95

第四节　收获智慧与勇气 ……………………………………… **102**

绘本故事《建筑师小弗兰克》活动设计方案 / 李莉萍 ……………… 102

绘本故事《不学写字有坏处》活动设计方案 / 林绍容 ……………… 108

绘本故事《小蜡笔大罢工》活动设计方案 / 李东泽妈妈 …………… 111

绘本故事《三只小猪》活动设计方案 / 范翔 ……………………… 115

绘本故事《跑跑镇》活动设计方案 / 刘晶 ……………………… 118

第 二 章

故事爸妈读书会设计方案

绘本故事《我要上学啦》《从前的从前没有学校》读书会

　设计方案 / 谭凤莲 ……………………………………… 124

绘本故事《南瓜汤》《最好喝的汤》读书会设计方案 / 李莉萍 …… 131

绘本故事《穿靴子的猫》读书会设计方案 / 陈珍 ………………… 138

绘本故事《小狗卫兵》读书会设计方案 / 刘晶 ………………… 142

绘本故事《是谁嗯嗯在我的头上》读书会设计方案 / 谭凤莲 …… 147

绘本故事《35公斤的希望》读书会设计方案 / 李莉萍 …………… 152

绘本故事《总有一个吃包子的理由》读书会设计方案 / 陈珍 …… 160

绘本故事《我们的妈妈在哪里》《妈妈的礼物》读书会

　设计方案 / 张洁华 ……………………………………… 164

第一章

故事爸妈

课堂活动设计方案

了解动物的特点和生活习性

绘本故事《谁吃了我的苹果》活动设计方案

谭凤莲

【活动主题】

小侦探

【活动绘本】

（1）绘本名称：《谁吃了我的苹果》。

（2）出版信息：〔韩〕李在民/文，〔韩〕金贤/图，张琪惠/译，北京联合出版公司。

（3）内容简介：一只很饿的老鼠看到树上有一只苹果，幸运的是，苹果正好往它头上掉下来,不幸的是,苹果滚到了一个深洞里,小老鼠好不容易从旁挖到洞底,苹果却不见了。于是老鼠决定去找找看是谁吃了它的苹果。它看到了长颈鹿、鳄鱼、长臂猿、蛇、丹顶鹤等动物,但都不是它们,最后,在苹果虫的指引下,找到了大象,到底是不是大象吃了苹果呢?

【设计理念】

这本书是孩子自己在书店找到的,当时就被故事吸引住不肯挪脚,读完后强烈要求买下来。于是我细细地读了这个故事,发现这个故事节奏明显,动物形象更能抓住孩子的眼球。故事过程中随着小老鼠找到一个个动物,引发一个个悬念,能激发孩子去思考分析。这既是一本很好的科普书,又是一本简单推理书,所以我根据这两个特征设计了本次活动,旨在通过对"案情"的分析,对各个"嫌疑人"的分析,让孩子了解动物的生活习性,掌握事件分析方法。

【活动对象】

一至二年级学生。

【活动目的】

(1)培养孩子阅读兴趣。

(2)锻炼"小侦探"们的观察能力和逻辑思考能力,掌握事件分析的方法。

(3)拓展学习动物科普知识。

【活动准备】

(1)阅读故事,熟悉故事内容。

(2)网上搜索、拓展阅读:苹果虫、长颈鹿、鳄鱼、牙签鸟、长臂猿、蛇、丹顶鹤的科普知识。

(3)策划故事流程,制作流程PPT。

【活动过程】

(一)特色导入

1. 自我介绍

大家好,我是×××妈妈,今天很高兴和大家来分享故事。

2. 提问:侦探是什么

(邀请2~3位孩子回答。孩子们认为侦探就是警察,侦探是很厉害的人,

可以根据一点点线索找到杀人凶手。）

总结：侦探（全称：侦缉探查，英语：detective）是负责调查案件的职业。指负责调查的调查员（investigator），意思可以是刑警或私家侦探。

3. 认识人物图片

（PPT出示包青天、福尔摩斯、柯南图片）

他们分别是包青天、福尔摩斯、柯南，是鼎鼎大名的大侦探，破获过许多高难度的案件，帮人们还原了事情的真相。

4. 提问：当大侦探要具备什么样的条件

（邀请2～3位孩子回答。孩子们的答案各种各样，有的孩子说要戴墨镜、穿风衣、穿靴子，引得全班哈哈大笑；有的孩子回答要有放大镜，收集指纹等线索；还有的孩子说要知道很多知识，要仔细观察。）

总结：侦探要有细致的观察力、强大的记忆力、缜密的逻辑思考力和广博的知识等。比如福尔摩斯就懂很多知识，包括一些药理知识，如此才能破获众多案件。

5. 引入故事《谁吃了我的苹果》

观察《谁吃了我的苹果》的封面。

今天，我想请同学们也来当一回侦探，帮帮故事里的这只小老鼠。小老鼠发生什么事情了呢？大家看看小老鼠的表情，泪眼汪汪的，旁边一只苹果核。它在问：谁吃了我的苹果？哦，原来小老鼠的苹果不知道被谁吃掉了，我们来帮帮小老鼠找到这个人吧！

（二）故事讲述

1. 引导孩子观察图片

讲述过程中引导孩子观察图片，发现细节，猜测故事发展。

2. 给孩子扩充知识

通过辩论的方式，科普苹果虫、长颈鹿、鳄鱼、牙签鸟、长臂猿、蛇、丹顶鹤、大象的生活习惯、形态特征。

3. 应用侦查类词汇

应用侦查类词汇：嫌疑人、不在场证明、犯罪动机、目击者、线索等。

4. 可拓展提问

（1）苹果为什么会自己从树上掉下来？（需要观察图片，发现苹果虫）

（2）苹果掉进了深洞中，你有什么好办法帮助小老鼠吗？（邀请2～3位孩子回答，孩子们答案很多，比如往里面灌水，让苹果浮上来；找梯子，爬下去；还有的说老鼠会打洞，它可以挖洞进去。）

（3）小老鼠找了这么多动物，还是没有找到吃苹果的家伙，这样找下去不是办法，你们有什么好的线索提供给小老鼠吗？（邀请2～3位孩子回答，孩子们提供了很好的线索，比如可以查一查脚印，看看是谁的脚印。有的说我记得苹果里住着苹果虫（目击者），如果能找到苹果虫，也许就知道了。）

（三）特色互动设计

1. 侦探辩论

故事过程中，每找到一种嫌疑动物，请正反两方进行辩论。

嫌疑动物	辩方	观点	孩子们的理由
长颈鹿	正方	苹果是它吃的	因为长颈鹿正好在洞的附近，脖子很长，可以伸入洞里面吃苹果。
	反方	苹果不是它吃的	长颈鹿都是吃树上的叶子，没有作案动机。
总结：PPT出示长颈鹿的科普卡片并分析			

长颈鹿

形态特征
——世界上最高的动物，成年时6～8米，出生时1.5米
——脖子最长

生活习性
——群居稀树草原，半沙漠地带
——吃树叶小树枝
——耐渴，树叶水分充足，可以一年不喝水

结论：看来不是长颈鹿，因为长颈鹿喝水都这么困难，如果把头低下来伸进洞中，就会站不稳，倒在地上。看看我们分析得对不对呢？出示下一页故事内容。

续 表

嫌疑动物	辩方	观点	孩子们的理由
鳄鱼	正方	苹果是它吃的	它正在刷牙，有可能正吃完苹果。它的嘴巴够长，能够伸进苹果洞中。
	反方	苹果不是它吃的	鳄鱼是肉食动物，不吃苹果，没有作案动机。鳄鱼的嘴太大了，不能进入那么小又深的苹果洞。

总结：PPT出示鳄鱼的科普卡片并分析

活得最早、最古老的动物之一

形态特征——体形大，血盆大口，牙齿尖利，身
披盔甲
生活习性——河流、湖泊、多水沼泽，吃鱼、水
禽等

结论：看来不是鳄鱼，鳄鱼生活在有水的地方，是吃肉类的，不吃苹果。看看我们分析得
对不对呢？出示下一页故事内容。

蛇	正方	苹果是它吃的	因为蛇的身体很长，可以伸到洞中。而且，蛇还会钻洞。
	反方	苹果不是它吃的	因为蛇根本不吃苹果，它喜欢吃老鼠。

总结：PPT出示蛇的科普卡片并分析

别称——长虫，小龙
特点——听觉迟钝，有的有毒，怕雄黄散发的气味
生活习性——水平波纹弯曲爬行，蜕皮，冬眠
进食——全世界所有蛇都是肉食者，主要吃老鼠
　　——整吞，消化慢（5~6天）

结论：看来不是蛇，这上面说了，所有蛇都是肉食者，还是整个吞，不嚼的，很久才能消
化，要是蛇吃了苹果，一定看得出来。看看我们分析得对不对呢？出示下一页故事内容。

续 表

嫌疑动物	辩方	观点	孩子们的理由
长臂猿	正方	苹果是它吃的	长臂猿手臂很长，可以伸到洞中拿到苹果，而且，它喜欢吃苹果。
	反方	苹果不是它吃的	它都是在树上住的，一定是在树上找食物，不会到地上的洞里去找食物。

总结：PPT出示长臂猿的科普卡片并分析

国家一级保护动物

特点——前臂长，身高不足一米，双臂展开有1.5米
　　——是猿类最细小的一种，行动最灵活快捷
　　——吃植物果实、枝叶，偶有鸟类、昆虫

结论：看起来真的有可能是长臂猿呢！我们看看到底是不是它？出示下一页故事内容。

丹顶鹤	正方	苹果是它吃的	丹顶鹤的嘴巴那么长、那么尖，可以把苹果夹出来。
	反方	苹果不是它吃的	它吃小鱼小虾，不吃苹果。

总结：PPT出示丹顶鹤的科普卡片并分析

特点
——飞行速度快、高、持久（时速40千米，高度5400米以上）
——叫声大，传3000~5000米
——鹤舞

生活习性
——沼泽、湖泊浅滩、苇塘
——吃鱼虾、水生昆虫、水生植物

结论：看起来也不是丹顶鹤。丹顶鹤主要生活在有水的地方，主要吃水里的东西。看看我们分析得对不对呢？出示下一页故事内容。

2. 故事结尾留悬念

（1）故事原结尾：小老鼠沿着苹果虫指出的线索，找到了泥潭，发现是大象吃了苹果，并由大象拿到苹果的过程还原真相。

（2）设计结尾：故事在找到泥潭时结束，不让孩子看到大象，看到结局。鼓励孩子课后进行自由猜测和继续辩论。

【活动反思】

这次阅读活动很成功，孩子们兴趣浓厚，讨论热烈，课堂氛围愉悦轻松。

辩论既唤起了孩子们已有的生活经验，又练习了对事件科学的分析方法，讲究有理有据。

通过科普卡片，孩子们进一步认识动物，了解动物的特点和生活习性。因而对动物世界产生浓厚的兴趣，激发对科普类书籍的热爱。

结尾的设计，勾起孩子们浓浓的好奇心，都围着故事妈妈问，是不是大象？是不是狮子？旁边马上有孩子提出反对意见和理由，一场课后的辩论又开始了。适时布置拓展作业，让孩子们想一想老鼠接下来会找到谁？它会怎样回答老鼠的质问，续编故事并画一画。

遵守规则

绘本故事《图书馆狮子》活动设计方案

林洁珠

【活动主题】

遵守规定与热爱阅读

【活动绘本】

（1）绘本名称：《图书馆狮子》。

（2）出版信息：［美］米歇尔·努森/文，［美］霍克斯/图，周逸芬/译，河北少年儿童出版社。

（3）作者简介：米歇尔·努森，美国知名童书作家，在图书馆工作多年，她认为"图书馆是一个充满无限可能的神奇地方，它的大门始终敞开，欢迎所有的人光临"。她曾创作了许多儿童读物，包括《鱼和青蛙》等书。

（4）内容简介：图书馆来了一头狮子，大家吓了一跳。幸好狮子很守规矩，不吵不闹，孩子们很喜欢它，觉得它是馆内最舒服的靠垫。有一天，发生了一件事，安静的狮子不顾一切地大吼起来……

【设计理念】

初翻开绘本的第一眼，我就被它的封面深深吸引了，狮子不应该是生活在森林或者动物园里吗？我的心里不禁泛起了疑问。故事一开头就引人入胜，美丽生动的图画，一下子就吸引了我的眼球，使我迫不及待地想去阅读绘本。《图书馆狮子》图文并茂的特点决定了它更容易引发孩子的阅读兴趣，它不仅

9

是在讲述一个故事，还能在故事中给予孩子一定的思考，并帮助提升孩子的观察力，丰富他们的想象力。我讲这本绘本给孩子们听，想要表达的是除了学会遵守规定之外，连一只狮子都爱上了读书，我们的小学生就更加应该爱读书，多读书！

【活动对象】

一、二年级学生。

【活动目的】

（1）通过绘本让学生观察图画中的每一个细节，提高学生阅读的兴趣和观察力。

（2）让学生懂得如何遵守规章制度。

（3）让学生感受绘本中的狮子与图书馆中的人们之间真挚的情感。

【活动准备】

提前制作好PPT，熟悉故事内容，做好教案，设计好故事如何拓展延伸。

提前招募好来听故事的家长义工。

【活动过程】

（一）自我介绍

同学们，大家好！我是×××妈妈，很高兴今天在这里和大家分享故事。

（二）讲述故事《图书馆狮子》

1. 故事导入

（1）同学们，大家知道狮子是生活在哪里的吗？

答：动物园里，森林里……

我们除了在动物园、电视中看到狮子外，还可以在表演中看到舞龙舞狮，以及各种建筑门口的石狮子等。我国的银行与以前政府门口的石狮子守护的是金钱和权力。

（2）打开PPT，出示封面，引导学生观察首页。

（3）这是这本书的封面，大家看到了什么？哪位小朋友可以举手告诉我？

2. 设疑

一只狮子怎么会出现在图书馆，它去图书馆做什么呢？你知道为什么绘本讲的是图书馆与狮子的故事吗？

问题揭秘：播放PPT。

作者最早的灵感是来自纽约市立公共图书馆门前的石狮子。跟中国的传统习俗不同的是，美国的狮子守护的是知识的大门。

3. 故事讲述

第一段：图书馆来了一头狮子，大家吓了一跳。

故事妈妈：狮子到了图书馆，它在图书馆做了什么呢？

学生：它闻了闻目录卡、在新书架上蹭了蹭脑袋、趴在说故事区睡觉、听故事。

故事妈妈：为什么大家看见狮子来了都不知道怎么办呀？

学生：因为图书馆里没有任何与狮子有关的规定。

故事妈妈：麦小姐为什么一开始说"那就别管它"，之后又要警告狮子呢？

学生：因为狮子在图书馆吼叫，影响了别人看书。

第二段：狮子很守规矩，不吵不闹，孩子们很喜欢它，觉得它是馆内最舒服的靠垫。有一天，发生了一件事，安静的狮子不顾一切地大吼起来……

故事妈妈：狮子在图书馆帮助麦小姐做了哪些工作？你知道什么是借书逾期吗？

学生：扫去书上的灰尘、舔信封、帮小朋友拿最上层的书。借书逾期是指没有在规定还书的日期内返还从图书馆借的书。无特殊情况下，我们应该在规定日期内还书。

故事妈妈：同学们想一想，为什么图书馆的人都喜欢这只狮子呀？

学生：因为狮子遵守规定，且乐于帮助他人。

故事妈妈：为什么狮子要走了呢？你认为应该让狮子走吗？

学生：麦小姐摔倒了，狮子为了通知马彬先生而大吼。我认为狮子没有违反规定，它可以不走。

第三段：马彬先生找回了狮子，图书馆里每个人都很开心。

故事妈妈：为什么第二天狮子没来图书馆？

学生：狮子觉得自己大吼违反了规定，所以不能去图书馆。

故事妈妈：那么同学们，什么是规定呢？生活中常见的规定有哪些？

学生：规定是事先对某一事物所做的关于方式、方法或数量、质量的决定。如必须按期完成任务，同时又必须符合质量规定；在图书馆要遵守保持安静的规定，过马路的时候要遵守交通规定，上课的时候要遵守课堂规定……如果违反了规定，就要承担责任和接受惩罚。

故事妈妈： 图书馆里的人想念狮子吗？你是从哪里看出来的呢？

学生： 他们不停地东张西望，麦小姐也没有从前那么开心了。

故事妈妈： 马彬先生在哪里找到的狮子呢？

学生： 他检查了车子下面、树丛后面、后院、垃圾桶、书屋，最后在图书馆门口找到了狮子。

故事妈妈： 马彬先生说了什么话让狮子重新回到图书馆呢？

学生： 只要有正当理由，就算在图书馆内也可以打破规定。

（三）延伸活动

让学生模仿狮子的表情和声音，演绎狮子两次大声吼叫的情景，给狮子配音。

请学生给狮子配音，故事中的狮子一共大声吼叫了两次。

第一次：狮子看看小朋友，看看说故事的阿姨，看看合起来的故事书，开始大声吼叫，它在说什么？

学生： 它在说它想继续听故事。

第二次：狮子实在没招了，只好盯着马彬先生的眼睛，张大嘴巴，吼出生平最响亮的声音。这次它又在说什么呢？

学生： 快去帮助麦小姐，她受伤了。

（提醒学生注意两次吼叫内涵的不同，注意声调变化，读出情感）

（四）故事启发

1. 守规矩的重要性

图书馆是个安静的场所，初来乍到的狮子从起初的不守规矩，到后来的守规矩，再到破坏规矩。这个过程让狮子深知如果不守规矩就必须离开，说明了守规矩的重要性。

当然，更多延伸的意义是，在其他的公共场所也要保持良好的规矩，不论是在安静的图书馆还是在吵闹的菜市场，都要遵守相应的规矩。

2. 图书馆秩序的维护

图书馆秩序的维护，不仅靠图书馆的职员，更需要我们每一个读者的努力。在书中，狮子也尽己所能地为图书馆服务。

在图书馆，不管是富人、穷人、老人、孩子……只要是爱读书的人，图书馆的大门永远向他敞开。

3. 规矩是可以改变的

狮子为了救馆长，用了大吼的方式喊来马彬先生。狮子破坏了规矩，没有去图书馆，后来又被找回。回想狮子为什么会吼叫，就会明白，有时候，规矩是可以根据情况适当改变的。

（五）互动设计

博尔赫斯说过一句话："如果有天堂，应该是图书馆的样子。"本书的作者画出了她心中的图书馆的模样。她与那么多的孩子分享，分享图书馆里迷人的书香；分享她对书的爱、诱人的故事及暖人的氛围……你心中的图书馆是什么样的呢？像天空那么宁静？像大海一样神秘？让我们拿起手中的画笔，一起画出我们心中的图书馆的模样。

（1）分发A4纸，画出"我心中的图书馆"。

（2）互相点赞，给获赞最多的作品颁发小奖品。

（3）带领同学们参观学校PBL图书馆改建项目展板及模型，组织同学们为喜欢的作品投票。

【活动反思】

很多人都会把这个故事想成童话故事。其实，这个看似平淡的故事带给我们的却是心灵的触动和震撼。

这个故事中的狮子，其实就是我们自己。在日常生活中，在图书馆，我们看到有些家长陪孩子看书，他们会从书架上一次拿三四本书，看没看完不知道，离开也不主动放回书架上；大人在图书馆里大声打电话、刷抖音，小孩子到处跑、吃东西。还有"中国式过马路"，即很多人会闯红灯，不走斑马线，横穿马路等。

没有规矩，不成方圆。让我们的孩子学会遵守规定非常重要，但让我们的孩子知道，在什么情况下规定是可以打破的同样重要。

《图书馆狮子》用水粉画般的图画和生动有趣的故事，在没有说教的情况下，让我们学到了那么多道理，这就是绘本的魅力。

遵守规则

绘本故事《尼尔森老师不见了》活动设计方案

卢 怿

【活动主题】

我们的老师是什么样子的

【活动绘本】

（1）绘本名称：《尼尔森老师不见了》。

（2）出版信息：〔美〕哈利·阿拉德图/文，〔美〕詹姆斯·马歇尔/图，尹晓东/译，北京联合出版公司。

（3）内容简介：尼尔森老师的声音甜甜的，她是一位温文尔雅的老师，可是学生们每天在教室里闹得不可开交，甚至无视她的存在。尼尔森老师皱着眉头下定决心要采取措施了。

第二天，班上响起了一个阴森森的声音，尼尔森老师没有出现，而是穿着黑色连衣裙的斯旺普老师出现了，她非常严厉，说一不二，还布置了很多作业。孩子们认为斯旺普老师是个真正的女巫，并且开始想念温柔的尼尔森老师，于是，他们开始想各种办法寻找她。他们去了警察局和老师的家，可是非但没有找到尼尔森老师，反而碰到了斯旺普老师，孩子们沮丧地回到了教室。

就在孩子们以为尼尔森老师真的不会再回来的时候，他们再次听到了熟悉的甜甜的声音。尼尔森老师回来了，孩子们也变得遵守纪律，认真听课了。最后，孩子们又去警探那里报案，要找寻不见了的斯旺普老师。

【设计理念】

孩子们升入小学，从以往的自由散漫到开始要遵守更多的规则，难免会不太适应，老师尤其是班主任老师又是引导他们遵守规则的人。通过绘本中塑造的温柔的尼尔森老师和严厉的斯旺普老师的对比，引导孩子们去思考，我们的课堂是什么样的？我们的老师是什么样的？我们需要怎样的课堂和怎样的老师？

【活动对象】

一至二年级学生。

【活动目的】

（1）通过讲述绘本故事，引发孩子们思考，要遵守什么样的课堂纪律？要怎样对待自己的老师？

（2）加深孩子们对学校规则和课堂纪律的印象，使孩子们学会尊重老师、尊重课堂。

【活动准备】

（1）准备绘本PPT。

（2）熟悉绘本中的细节内容，包括两位老师截然不同的造型对比，孩子们前后表现的对比。

（3）准备活动道具，黑女巫造型的服饰，如黑色连衣裙或者黑色外套，教鞭或者戒尺等。

（4）提前招募前来听故事的家长义工。

【活动过程】

（一）故事导入

（1）自我介绍，引入故事——我是××同学的妈妈，但是我今天也是"尼尔森老师"，我们今天要讲的故事就叫作《尼尔森老师不见了》。

（2）提问——在故事开始之前，亲爱的同学们，谁能先回答我几个问题：你们在上课的时候有没有悄悄地和同学聊天？有没有动来动去？有没有乱涂乱画？

孩子们一般会异口同声地回答：没有！这时候引入：我接下来要讲的这个故事中207教室的孩子们，他们可不是这样的呢。

（二）故事讲述

（1）按顺序播放和讲述绘本PPT，让孩子们仔细观察并穿插提问。

（2）绘本中提到：

207教室的孩子们闹得不可开交。

沾着唾沫的纸团儿粘到了天花板上。

纸飞机在空中飞来飞去。他们是整个学校里表现最差的学生。

提问：尼尔森老师是学校里最文雅的老师，她温柔得像一块随时能融化的甜奶油，可是学生们是怎么对她的呢？

邀请几位孩子到讲台上来观察绘本画面细节，如乱飞的纸飞机、扔到天花板上的纸团、倒过来的垃圾桶、被折断的植物、倒立和做鬼脸的学生等。

（3）让孩子们观察绘本。

提问：谁能告诉我，他们这样做对不对呢？老师上课的时候，你们有没有做过类似的事情？

邀请几位孩子进行回答，并指出孩子做得不对的地方。

（4）播放绘本图片，绘本内容如下。

第二天早上，尼尔森老师没有来学校。

"哟呵！"孩子们一齐欢呼，"这下我们真的可以玩儿个够了！"

他们开始揉更多的唾沫纸团儿，叠更多的纸飞机。

"今天就让我们为所欲为吧！"孩子们说道。

"别高兴得太早了！"一个粗粗的嗓音阴森森地响起来。

邀请几位孩子上来模仿图片中小朋友的表情和动作，同时走到教室门外快速换上黑色服饰，拿上道具，然后走回教室，扮演严厉的斯旺普老师，让孩子们坐回到自己的位置上。

（5）继续播放绘本图片，让孩子们观察绘本，绘本内容如下。

麦克斯莫格警探负责这件案子。

他听了孩子们的陈述，挠了挠下巴。

"嗯……"他沉吟着，"嗯哼，我认为尼尔森老师失踪了。"

麦克斯莫格警探帮不了太大的忙。

提问：麦克斯莫格警探没什么办法了，那我们的同学们呢？

成立一支侦察小分队，可以从每个小组选择一位同学，邀请几位孩子站在前方，仔细发现绘本中的线索，来找出事情的真相。

（6）继续播放绘本图片，让孩子们观察绘本，绘本内容如下。

"我知道！"号称万事通的孩子大声宣布，"也许尼尔森老师的汽车被一大群神奇的蝴蝶带走了！"

不过，在所有的猜想中，这最不可能了。

提问：我们侦察小分队的同学们，你们找到真相了吗？尼尔森老师可能去了哪里？

请侦察小分队成员和其他孩子一起讨论20秒，给出一个答案。同时脱下黑色服饰。

（7）继续播放绘本图片，让孩子们观察绘本。

提问：请同学们在图中找出真相（衣柜中的黑色连衣裙），作为刚刚提供答案的证据。

（8）继续播放绘本图片，让孩子们观察绘本。

提问：207教室的孩子们那么害怕斯旺普老师，但他们为什么最后还要警探帮忙找她呢？

——斯旺普老师虽然严厉，但是最终改变了课堂乱糟糟的情况，让大家的学习也变好了。

（三）故事总结

课堂上哪些行为是不正确的，我们应该怎么做？

教师出示两张207教室的孩子画像的对比图：

左边是尼尔森老师不见之前孩子们的画像，右边是尼尔森老师回来后孩子们的画像，仔细观察，他们有什么变化？

教师提示：

第二排最右边的孩子，她还有没有在上课的时候去倒立呀？

第三排最左边的孩子，他还有没有怪笑呢？

大家是不是都好好坐着，在微笑呢？他们可能正在认真地听故事呢！

（四）故事延伸

讨论：我们的老师是什么样的？我们喜欢什么样的老师？

应该是既不是完全像尼尔森老师一样温柔却不能掌控教室秩序的老师，也不是像斯旺普老师一样只剩威严却没有理解与宽容的老师。感谢我们的老师，感谢老师对我们的辛勤付出。

（五）书籍推荐

《乔治和玛莎》，同为马歇尔创作的绘本故事，讲述与人交往、相处的故事，他的这套作品蕴含着爱心、机智和童趣，值得一读。

《魔法保姆麦克菲》，这是一部电影，讲述一个原本长相丑陋的会魔法的保姆，在和七个孩子朝夕相处后，慢慢地得到了孩子们的喜爱，并且变得年轻漂亮了。

（六）注意事项

（1）若有人员支持，可安排扮演斯旺普老师的角色，以使故事讲述起来更流畅。

（2）提问环节，需提前想好如何选择孩子回答。例如，分小组比赛谁先举手、谁先站立等。

（七）故事道理

温柔甜美的尼尔森老师、严厉可怕的斯旺普老师，如果不是一件黑色的连衣裙，谁能想到她们是同一个人呢？

每个人都有爱美之心，但尼尔森老师为了保障孩子们的学习，不惜把自己装扮成丑陋的女巫模样，可谓用心良苦，让人钦敬。老师的人格就是教育工作者的一切，健康的心灵才有健康的行为。尼尔森老师人温柔，心更美，她的工作思路和开创性的方式方法值得每一位学生尊敬。

【活动反思】

这本绘本故事讲述起来，互动环节较多，需把控好时间和课堂秩序，寻找真相的环节在孩子们给出答案时先不要告诉他们正确与否，让他们自己去最后的图中寻找线索，确定答案，可以锻炼他们的观察和判断能力。

作者在绘本的设计上也颇具匠心，在引导孩子阅读的时候可以从封面、封底、扉页等地方查找信息。比如，通过封面你看到了哪些信息？从学生的表情中似乎感觉到发生了什么事情，会发生什么事情呢？

另外，作者完美地利用了对比的方式来处理画面，比如，前面乱糟糟的教室和后面安静整洁的课堂；"黑名单""光荣榜"；斯旺普老师出场时斑驳的黑色渍迹仿佛乌云笼罩，给人以巨大的心理压力。可以通过阅读引导孩子们加强对色彩的感知。

安全意识

绘本故事《汤姆走丢了》活动设计方案

邹佳丽

【活动主题】

汤姆走丢了

【活动绘本】

（1）绘本名称：《汤姆走丢了》。

（2）出版信息：［法］玛丽–阿丽娜·巴文/图，［法］克斯多夫·勒·玛斯尼/文，梅莉/译，海燕出版社。

（3）内容简介：这是"小兔汤姆系列"第一辑的其中一本。汤姆和妈妈一起去商店买东西。在商店里，有许许多多的人和好看的事物，汤姆的眼睛都不够用了。它一心想着自己要买的那条裤子。可是，一转身，发现妈妈不见了！汤姆到处跑，到处找妈妈……汤姆走丢了。在一群陌生人中间，汤姆很害怕。

【设计理念】

每一个孩子的走失，都会造成一个家庭的悲剧。如今的多彩世界，超市、商场、游乐场所……潜在的危险无处不在。爸爸妈妈也要及时去给孩子建立安全意识和常识，生活中还是需要带孩子们多多练习，他们才能遇事不慌，临危不惧。要知道，看过的会忘记，听过的也会忘记，经历过的、感受过的终生难忘。故事延伸部分，我运用角色扮演教会孩子如何处理这种事情。

【活动对象】

一至二年级学生。

【活动目的】

（1）通过绘本图片，让孩子观察、讨论，发展孩子的逻辑思维能力及语言表达能力。

（2）帮助孩子提高安全防范和自我保护的意识，掌握应对走丢事件的方法。

（3）感受故事中美好的情感，懂得保护好自己是对自己负责，也是对父母的爱。

【活动准备】

绘本PPT，角色扮演服装和道具。

【活动过程】

（一）手指游戏导入，激发孩子的兴趣

手指游戏：石头剪刀布，石头剪刀布，一把剪刀几块石头，我是小白兔；石头剪刀布，石头剪刀布，一把剪刀两把剪刀，亲亲小白兔；石头剪刀布，石头剪刀布，一把剪刀一块布，抓住小白兔。

提问：同学们，刚才我们玩的游戏里有谁呀？（小兔子）今天我给大家讲述一个关于兔子的故事。

（二）阅读绘本

1. 出示汤姆走丢的图片并提问

故事的主角也是一只兔子，它的名字叫汤姆。你们仔细观察这幅图，看看汤姆怎么了？它在干什么？你觉得发生了什么事情呢？

同学们互相分析、讨论，激发进一步了解故事的兴趣。

2. 故事讲述及提问

通过PPT课件，逐幅图展现故事，体会汤姆的内心感受。在汤姆发现自己和妈妈走散时暂停，提问：小汤姆为什么会和妈妈走散？我们跟大人出门时应该怎么做？小汤姆现在心情怎样？它的妈妈会是什么心情？

在陌生人找汤姆说话这段暂停，引导同学们讨论"如果你是汤姆，你会怎么做"。鼓励同学们结合自身经验，讨论解决办法，并请个别同学上来扮演汤姆，当你遇到这种情况时，你会怎么做呢？

（三）情感升华，丰富经验

继续播放课件，接着讲述故事，让孩子体验故事中的情感。

观察：妈妈见到汤姆时的动作、表情。

提问：这时的妈妈心情怎么样？妈妈想对汤姆说什么？

（四）拓展延伸环节

（1）提问：生活中还有哪些地方容易发生走丢事件呢？

（2）出示图片（地铁站、火车站、超市、公园），引导同学们讨论，在以下地方走丢了，你应该如何应对？

（3）教会孩子如何应对走失，遇到以下情景，我们应该怎么做？

① 在室内（如商场或超市等）走失的话，千万不要走出商场或超市，可以向商场的工作人员寻求帮助。

② 记住家人的电话号码和家庭住址。

③ 强化孩子的警惕意识（告诉孩子不要吃陌生人给的东西，不跟陌生人交谈，尤其是特意讨好孩子的人，在家不随便给陌生人开门）。

④ 教会孩子寻求帮助的能力（遇到危险要冷静，勇敢面对，不要慌乱，厘清思路，寻求帮助；寻求警察、保安、工作人员的帮助）。

（4）角色扮演：遇到陌生人给糖果吃，应该怎么应对？

（五）好书推介

"小兔汤姆系列"丛书通过对小兔汤姆平凡而有趣的生活故事的描述，给孩子们展现了一个可以触摸到的伙伴形象，看起来平淡无奇的生活故事，却已触动孩子幼小稚嫩的心灵。

比如，《汤姆去海边》，"大海、太大了，大得像……大海一样。"童趣盎然，快乐满篇。

《汤姆最好的朋友》，它会告诉孩子，与小伙伴之间的友谊和爱。

【活动反思】

这节课，孩子们在愉快的氛围中讨论了一个相对严肃的话题，很多家长都认为，这种"安全警告"必须和孩子认真、严肃地说，反复提醒，以确保孩子记住了。道理，孩子都知道，但是并不会真正记在心里，而这样有点好玩的方式，也许会让孩子们记忆更深刻呢？方式不重要，最重要的是管用。

第二节　追寻个性自我

认识自己

绘本故事《我不知道我是谁》活动设计方案

刘春暖

【活动主题】

找找"我"自己

【活动绘本】

（1）绘本名称：《我不知道我是谁》。

（2）出版信息：〔英〕乔恩·布莱克/著，〔德〕阿克塞尔·舍夫勒/绘，邢培健/译，新星出版社。

（3）作者简介：乔恩·布莱克（Jon Blake）出生于英国。他既是一位广受欢迎的童书作家，也是一名教师，迄今为止已出版50本童书。布莱克经常从与孩子们的交流中获得灵感。他认为孩子想象力丰富，思维的发散性强，有时还会带给成年人意想不到的收获。

（4）内容简介：主角达利B是一个不知道自己是谁、不知道自己应该住在哪里、不知道自己应该吃什么，尤其不知道自己的脚为什么那么大的兔子。达利B可不是在空想，它知道很多其他动物住在哪里、吃什么，达利B还勇于尝试其他动物的生活方式。当黄鼠狼杰西D出现并步步紧逼时，在最危险的一刻，达利B踢飞了杰西D，它无意中发现了自己的大脚的非凡作用。

【设计理念】

这是一个非常简单的故事，隐隐透着点哲学的味道。在绘本里，达利B没有自我否定，没有盲目随从，没有在别人的评价中迷失自己，而是不断地提出疑问和探索。读完绘本，兔子达利B让我不禁想起刚上小学一年级的儿子，每天也是"十万个为什么"，对一些新鲜的事物非常感兴趣。他也常常问："我是谁？"那么，跟着兔子一起解开谜题吧！

【活动对象】

一年级学生。

【活动目的】

（1）用有趣的问题及幽默的情节，让孩子享受阅读与想象的快乐。

"我不知道我是谁？"这是一个多么有趣的问题！一听到这个问题，孩子们就忍不住咯咯地笑了起来。他们会问老师、问家长："谁这么傻呀？怎么连自己是谁都不知道呢？"于是，他们很有兴趣地带着问题来听故事。

（2）了解多种小动物的生活习性，体验探究与发现的成就感。

故事中出现了考拉、猴子、蝙蝠、老鼠、松鼠、豪猪、黄鼠狼、獾、大象、鸭嘴兽等多种动物角色，孩子们需要认识、了解、探究它们，研究它们的生活习性和特征。在探究和了解的过程中，孩子们跟随达利B，对自我有了更加丰富的认识。

（3）加深自我认知，品味成长与生命的意义。

兔子达利B对自我的认识过程是复杂而漫长的，这个认识自我的过程并非在封闭的环境、在冥思苦想中进行的，而是在与环境和与其他动物的交往、对比与交流中实现的。通过阅读绘本，会自然激发孩子们认识自我的兴趣，经由绘本开展丰富的认识自我的活动，引导孩子们从多方面认识和了解自我。

【活动准备】

（1）提前一周熟读绘本。

（2）上网收集资料，制作流程PPT。

（3）制作游戏所需的彩色卡片。

【活动过程】

（一）提问导入

（1）教师展示"达利B不知道自己应该住在哪里"这一页的图片，图片中有哪些有趣的小动物？它们都住在哪里呢？

解析：在打开PPT的过程中，同学们对书中多种多样的动物以及它们的各种行为特别感兴趣。这也是他们能看懂的地方。他们自然而然地开始谈论起书中的各种动物，这正是他们兴趣的反映。这时可以让同学们举手回答问题。

同学A回答：它是一只蝙蝠，住在黑暗的山洞里。它长得像老鼠，很可怕，我不喜欢它。

同学B回答：它是一只鸟，住在鸟窝里。它用树枝搭鸟窝睡觉，储存食物过冬。小鸟很自由，在天空中自由飞翔。

同学C回答：啊！它是一只蜘蛛，它住在蜘蛛网上，谁不小心掉到网上就会成为它的美食，看到它，我可害怕了。

（2）教师展示"达利B待在它的树上，又啃了一个橡子"这一页的图片，达利B不知道自己应该吃什么，是吃圆白菜、水果，还是吃昆虫呢？

带着问题请小朋友讨论一会儿，这个问题怎么解答呢？（讨论时间控制在5分钟左右）邀请一位同学回答，再问问这位同学，平时喜欢吃什么？有没有吃蔬菜、水果的习惯呢？吃东西要营养均衡，养成吃蔬菜、水果的好习惯。

（二）故事讲述

绘声绘色讲述故事，讲述过程中穿插互动。

1. "我不知道我是谁？"

当达利B在树上思考这个问题时，遇见了黄鼠狼。杰西D是一只黄鼠狼，它的牙齿像玻璃一样锋利，眼睛像跳蚤一样灵活。它最喜欢吃兔子了。翻开此页，黄鼠狼出现了。听故事的同学们情绪开始发生变化，课堂的气氛慢慢紧张起来。有的同学蒙着眼睛说："哎呀！我怕，不敢看！这兔子肯定被一口吃掉。"也有同学说："快跳下树来，快跑呀！！"同学们纷纷议论着。还有的同学说："这下跑不掉了！"

同学们看到杰西D被达利B的超级大脚使劲一踢，杰西D飞过天空，远远地，远远地，从哪儿来就飞回哪儿去。同学们欢呼起来，达利B真厉害！达利B好样的！这下同学们也明白了，达利B的大脚有这么大的作用。它的大脚帮它脱离了危险。

2. 互动设计"独特的达利B，独特的我"

故事的结局是达利B用自己的大脚战胜了杰西D，孩子们特别感兴趣，纷纷模仿达利B的大脚使劲踢的动作，还不停地讨论这个意想不到的结局。如果我们也像达利B一样喜欢思考的话，那么绘本也许说明了首先要怀疑自己，才会去探索自己；只有怀疑自己，才可以超越自己。如果我们是一只兔子的话，那么也要像达利B一样，做一只喜欢思考、勇于尝试、可以踢飞黄鼠狼的英雄兔子。

3. 有趣的扮演活动

这个故事很有趣，孩子们特别愿意模仿故事中的主人公和其他小动物。于是，我们变成故事中的各种动物，一起来表演这个故事。我们一起在地板上绘制了巨型的蜘蛛网，大家都扮演蜘蛛在网上爬来爬去。

（三）绘本推荐

《朱家故事》《小猪变形记》《图书馆狮子》三本书都是很适合孩子阅读的绘本故事。

【活动反思】

　　如何让孩子成为阅读活动的主宰？通过这节绘本阅读课，我有以下几点收获：让孩子有表达的欲望、让孩子有思考的空间、让孩子收获价值。通过绘本的引导阅读，训练孩子的综合能力，启迪、开发孩子的智慧。

认识自己

绘本故事《佩泽提诺》活动设计方案

陈佩虹

【活动主题】

我就是我

【活动绘本】

（1）绘本名称：《佩泽提诺》。

（2）出版信息：［美］李欧·李奥尼/文·图，阿甲/译，南海出版公司。

（3）作者简介：李欧·李奥尼，美国儿童文学作家、画家，出生于荷兰阿姆斯特丹。他笔下的故事生动有趣又富含哲理，被誉为"20世纪的伊索"。代表作《一寸虫》《小黑鱼》《田鼠阿佛》《亚历山大和发条老鼠》分别于1961年、1964年、1968年及1970年四次荣获美国凯迪克大奖。

（4）内容简介：佩泽提诺是个小块儿，它觉得自己和其他人不一样，肯定是什么人身上的一小块儿，于是决定去找到答案。它问了飞毛腿、大块头、游得快、飞得高……可是大家都说如果自己少了一小块儿，不可能做事，还不漂亮。后来，佩泽提诺受到智多星的指点去了砰砰岛。可是岛上除了石头，什么也没有。在岛上爬上爬下的佩泽提诺累坏了，没想到一磕一绊滚了下去，结果它碎成了很多的小小块儿。这时它才明白，原来自己和别人都一样，也是由小块儿组成的。

【设计理念】

这个故事是在我们开展的李欧·李奥尼专题啃书会上读到的，这个故事深深打动了我，曾经我也觉得自己不那么完美，想要变得像自己羡慕的人那样。其实孩子们也会有这种想法，于是我设计了这个课程，希望通过这个小块儿，让孩子们意识到，虽然自己是个小不点，但我们每个人都是独特的。

【活动对象】

三年级学生。

【活动目的】

（1）欣赏图片，通过绘本阅读激发阅读兴趣，培养阅读习惯。

（2）让孩子们在绘本阅读中展开想象，大胆展示。

（3）引导孩子认识自己，学会欣赏自己，做一个独立自信的"小不点"。

（4）用彩色卡纸制作故事里的人物，让孩子们更好地感受人物形象。

【活动准备】

绘本PPT，卡纸，双面胶。

【活动过程】

（一）故事导入

（1）多媒体展示"Pezzettino"一词，这全是字母宝宝，可不是汉语拼音，它读作"佩泽提诺"，它是意大利语，意思是"小块、小片"，言外之意是不够大，可能也是不起眼的。

（2）出示一张黄色小卡片和大卡片，哪个更像佩泽提诺？（学生：小卡片）

（3）（出示绘本封面）猜猜封面上的图片，它们在干什么？

今天我就和大家一起来读一读有关这个小方块的故事。

（二）阅读绘本

（1）猜猜蝴蝶面的颜色代表什么？

（2）一口气翻阅绘本PPT，只看图。边读边想故事里出现了几个人物，分别是谁，说了什么？

（3）回想：留在我脑海中印象最深刻的是什么？

（4）引导员和孩子们一起阅读绘本，适时在关键环节设置问题，引发孩子们大胆、合理想象。

① 小P会去哪里找答案呢？会求助谁呢？

② 飞毛腿有什么特点？

③ 小P遇见大块头会怎么问？

④ 小P还会遇见谁呢？会怎么说？

⑤ "要是我有一块不见了，怎么还能坐得这么正呢？"这话是谁说的呢？

⑥ 最后，它实在是累坏了，一磕一绊滚了下去，结果怎么样了？

⑦ "朋友们不大明白他的意思"，聪明的你明白小P的意思吗？

（5）每人选出一页"我最爱的一页"，与大家分享，让孩子们知道"我就是我自己"。

（三）故事讨论

（1）小P是谁的一小块呢？

（2）小P是怎样才知道的？

（3）小P为什么高兴呢？朋友们为什么高兴呢？

（4）书的结局，你满意吗？

（5）《佩泽提诺》可能会给我们和孩子带来什么？（人不必追别人的影子，人各有异）

（6）你觉得这本书最吸引你的是什么？

（7）你最想将书中的一句话送给谁？这句话是什么？

（四）故事延伸——创意美术手工

（1）6人为一小组进行合作。

（2）每组一张颜色偏浅的大卡纸做底。

（3）对照绘本人物进行粘贴。

（4）在底卡上写上人物名字。

（5）上台展示作品成果。

（五）图书推荐

《鱼就是鱼》《一寸虫》《玛修的梦》《小黑鱼》都是适合学生阅读的绘本故事。

【活动反思】

佩泽提诺一路艰辛，为的就是追寻那个其实就是自身的问题——我会是谁的一小块？这种追寻也让小P经历了从自我迷失到发现自我的过程。绘本最后，它清醒地了解到了自己的结构和与世界的关系。于是它才会那么珍惜地把每一个碎块重新聚合，恢复如初，生怕不小心丢掉任何一块儿。然后它带着满满的收获和珍惜返程。它回归的心情肯定是无比兴奋的。希望孩子们做一个发现自己的人，要发现自己的优点，要对自己充满信心。其实真不用向任何人证明什么，不用拿自己去和任何人比较。我就是我，我接受并喜欢并不完美的自己。我们每个人来到这个世界上不都是为了去找到属于自己的独特的生活之路吗？

这些道理如果直接和孩子们说，孩子们可能很难理解，即便听完这个故事，孩子们依然懵懵懂懂。但是，有什么关系呢？我们只需要在孩子心中种下这粒种子，也许某一天，孩子就会有明白的时候。

了解自己和生命孕育

绘本故事《小威向前冲》活动设计方案

刘冰丽

【活动主题】

我从哪里来

【活动绘本】

（1）绘本名称：《小威向前冲》。

（2）出版信息：〔英〕尼古拉斯·艾伦/文·图，李小强/译，贵州人民出版社。

【设计理念】

"我从哪里来"是低龄孩子非常关心的问题，但是这个问题，父母普遍表示特别不好回答，总觉得"难以启齿""不好把握"，于是出现许多类似"捡来的""送的"之类的答案，导致孩子"性教育启蒙"的缺失。这本《小威向前冲》，以独特的视角，科学又有趣地向孩子们回答了这个问题，我觉得每个爸爸妈妈都应该在孩子对这个问题感兴趣的时候，和孩子读读这个故事。

【活动目的】

（1）通过绘本阅读了解我是从哪里来的。

（2）让孩子了解自己是最棒的，最特别的。

（3）培养儿童自我保护意识，珍爱生命。

【活动对象】

一年级学生。

【活动准备】

（1）绘本《小威向前冲》。

（2）小蝌蚪找妈妈+孕育生命过程小视频。

【活动过程】

（一）故事导入

（1）大家好，我是××妈妈，今天要和大家分享一个特别棒的故事。

（2）邀请小朋友观看一段2分钟左右的视频——小蝌蚪找妈妈。

提问：

① 看完这段视频，小朋友们发现了什么？（开拓孩子的思维并鼓励他们提问题）

② 小蝌蚪们知道自己的妈妈是谁吗？它跟它的妈妈长得是否一样？

③ 你有没有问过妈妈你是从哪里来的？爸爸妈妈又是如何回答你的呢？

（邀请孩子们分享，答案五花八门，令人哭笑不得，有的说是神仙送的，有的说是公园散步捡的，还有的说是充电话费送的。）

（3）绘本封面导读：展示封面，请孩子们仔细观察，说一说封面上的图案像什么？（有些会说像蝌蚪，有些会说像小蛇……）那么，它到底是谁，又在干什么呢？让我们一起进入这个故事看看吧！

（二）故事讲述

（1）用亲切、温和又坚定的语气讲解故事内容。（故事中涉及一些"敏感"词语，须事先脱敏，以科学的态度讲述）

（2）故事过程中不做互动，完整地讲述故事。

（3）讲述精子和卵子结合后的生长变化时，播放1分钟生命孕育动画。

（4）在故事中传达：爸爸妈妈因为非常相爱，希望有个宝宝来分享这种爱，所以才会决定生下我们。我们每个人都是最棒的、最有能力的那一个，才能成为爸爸妈妈的孩子。虽然我们每个人都不那么完美，就像小威的数学很差，但是我们都有自己擅长的，就像小威是个游泳高手。

（三）故事讨论

我们每个人都是特别的，都有自己的长处，小朋友们能分享一下你最擅长什么吗？（正面提问，孩子们的回答也是正面的）

（四）故事课本延伸与拓展

1. 写感恩卡片送给爸爸妈妈

我们的生命一半来自爸爸，一半来自妈妈，让我们感恩爸爸妈妈带给我们生命。

2. 自我保护意识启蒙

我们的生命装满爸爸妈妈的爱，是最珍贵的，我们要照顾好自己，保护好自己。

一、平安成长比成功更重要
二、背心、裤衩覆盖的地方不许别人摸
三、生命第一，财产第二
四、小秘密要告诉妈妈
五、不喝陌生人的饮料，不吃陌生人的糖果
六、不与陌生人说话
七、遇到危险可以打破玻璃，破坏家具
八、遇到危险可以自己先跑
九、不保守坏人的秘密
十、坏人可以骗

来自努比亚记事本

【活动反思】

这是一次大胆的尝试。"性教育启蒙"曾被许多家长视为"豺狼虎豹"，但是现在越来越被重视，怎样科学又不失尴尬地解答好这个问题，这个故事给予了很好的答案。

在课堂上讲述这个故事需要勇气，事先努力摆正自己的心态，仍然害怕被孩子提问到自己不好回答的问题，于是基本没做互动。

建议不要轻易尝试大范围讲述，可以小范围并且一定要以科学的态度，尽量多拓展阅读，增加知识量，练习以故事的方式回答孩子的提问。

肯定自我坚持

绘本故事《大脚丫跳芭蕾》活动设计方案

刘 晶

【活动主题】

坚持梦想

【活动绘本】

（1）绘本名称：《大脚丫跳芭蕾》。

（2）出版信息：［美］埃米·扬/文·图，柯倩华/译，河北教育出版社。

（3）内容简介：一个叫贝琳达的女孩很喜欢跳芭蕾，而选拔会的评委嫌她的脚太大而拒绝看她的表演。她只好放弃跳舞，找了一份餐厅的工作，她虽然很喜欢餐厅的老板和客人，可是，她还是常常怀念跳舞……贝琳达会坚持下去吗？

【设计理念】

孩子在学舞蹈的初期，面对枯燥的芭蕾基础训练很容易放弃。而绘本中大脚丫惟妙惟肖的各式舞姿可以吸引孩子，让孩子领略舞蹈的魅力，从而坚持下去。同时这个故事也让孩子懂得：外在的条件并不能限制理想的翅膀，每个人都应该勇敢地坚持理想，并为之而努力。即便梦想真的实现不了，也可以让它成为自己的爱好，因为爱好可以为我们带来快乐，我们的人生不能缺少快乐！

【活动对象】

一至二年级学生。

【活动目的】

（1）阅读绘本，欣赏书中明快的用色和对人物线条的勾勒。

（2）让孩子从小学会尊重别人，不把嘲笑别人当作娱乐。教育孩子面对事物时，能透过表象看到真正的内涵和价值。

（3）让孩子懂得有梦想要学会坚持，即使遭遇暂时的困境，也会因为你的坚持而让梦想大放异彩。

【活动准备】

绘本PPT；熟悉芭蕾舞的起源；一段芭蕾舞表演；播放器；提前招募好听故事的家长义工。

【活动过程】

（一）故事导入

同学们，你们了解芭蕾舞吗？知道芭蕾舞的起源吗？芭蕾最初是欧洲的一种群众自娱或广场表演的舞蹈。起源于15世纪的意大利，兴盛于法国，它是一种类似于现代西方芭蕾舞的舞步，非常优美。

（二）故事讲述及提问

（1）我们来认识一位小女孩，她的名字叫贝琳达，（打开PPT）猜猜她的爱好是什么呢？注意观察她的衣服和动作。

（2）对了，就是芭蕾舞。贝琳达是一个喜欢跳舞的女孩，她跳舞的时候，姿态优雅，脚步轻巧灵活。可是，贝琳达有个大问题，是什么问题呢？我们先来欣赏一段芭蕾舞表演，看一看贝琳达到底遇到什么问题了。贝琳达有一双大脚，参加一年一度的芭蕾舞表演选拔时，评审委员看到她的脚，他们露出怎样的表情和神态？他们又对贝琳达说了些什么？（邀请两三位同学表演一下评委们的评价）

这部分绘本内容如下。

"天啊！"贾庄董男爵三世说，"你的脚大得像条船！"

"简直和海豹的鳍没两样！"

常在舞蹈杂志上发表文章的欧娜·劳乌柏女士瞪着眼睛直摇头。

"回去吧，你那一双脚，永远也跳不好！"

贝琳达听了评审委员的话心情怎样？她产生了什么想法呢？（观察图画的颜色和贝琳达的神情，邀请两位同学描述主人公的心情）

学生：画面以灰色为主，天灰蒙蒙的，让我们感受到了贝琳达的灰心难过，莲蓬头滴下的水滴仿佛是贝琳达伤心的眼泪。她看着自己的芭蕾舞衣发呆。她看着镜子里自己的大脚，心里非常难过。她想："或许那些评审委员说得对，我的大脚真的不适合跳舞。"

之后，她去做了什么？如果你是贝琳达，你会选择放弃芭蕾舞吗？

（3）贝琳达来到了一个全新的环境，那里的人很喜欢她，可是贝琳达开心吗？为什么？（贝琳达在工作间隙看舞蹈杂志时若有所思的样子，她在想什么呢？是呀！贝琳达虽然喜欢费莱迪先生和餐厅里的客人，不过她还是忘

不了跳舞。）

（4）有一天，来了一个乐团，贝琳达听到乐团演奏的音乐，她怎么了？之后费莱迪先生问贝琳达愿不愿意跳舞给客人看，贝琳达同意了吗？客人们喜不喜欢看她跳舞？客人们看完贝琳达跳舞后又做了什么事情？（看，贝琳达拿着餐巾和餐具跳起舞来了！哇，贝琳达就像飞起来了一样！陶醉得眼睛都闭起来了，她全身心地投入舞蹈中，她陶醉在自己的舞蹈中）（贝琳达答应了费莱迪的请求，餐厅里的客人都很喜欢她的表演，他们高兴地去告诉他们的朋友，那些朋友第二天就来到费莱迪餐厅，他们也非常喜欢）

（5）贝琳达跳舞的事情传到了谁的耳朵里？这个人去看了贝琳达跳舞之后有什么样的反应？贝琳达随后去了哪里？她又见到了那些评审委员，这时的评审委员又对她说了些什么？贝琳达会受到他们的话的影响吗？

这部分绘本内容如下（教师展示绘本图片）。

大都会芭蕾舞团的指挥听说了这件事，他朋友的朋友叫他一定要去看贝琳达跳舞。他去了。他很惊讶。他非常赞赏。他觉得好感动。

就这样，贝琳达到了大都会剧院，随着"费莱迪好友乐团"美妙的音乐翩翩起舞。她好喜欢跳舞！评审委员们大喊："太精彩了！多么像燕子、鸽子、羚羊啊！"他们全神贯注地看她跳舞，完全没有注意到她的脚有多大。贝琳达快乐极了。因为她可以跳舞，跳舞，一直跳舞。至于评审委员们说什么，她一点也不在乎了！

（三）延伸活动

舞蹈动作学习：芭蕾手位"切西瓜"。

（1）导入：同学们，听完了大脚丫跳芭蕾的故事，你们想不想学习一下芭蕾舞？虽然芭蕾舞看上去很专业，但其实它的手位动作非常简单，它就和"切西瓜"是一样的。下面让我们来一起学习一下吧。

（2）"切西瓜"过程：一个西瓜（芭蕾一位手），抱起来（芭蕾二位手），把它举过头顶（芭蕾三位手），切一半（芭蕾四位手），给爸爸（芭蕾五位手），再切一半（芭蕾六位手），给妈妈（芭蕾七位手），剩下那一块（双臂展开），留给我自己（收回至芭蕾一位手）。

（四）好书推介

作者埃米·扬创作的"大脚丫系列"还有《大脚丫在巴黎》《大脚丫和玻璃鞋》，都曾获得多项大奖。"大脚丫"已经成为一种象征，一种对梦想不懈追求的象征，因此，"大脚丫"才能得到全世界读者朋友的青睐。让我们记住"大脚丫"，为梦想而奋斗！

（五）故事道理

最终贝琳达因为舞姿优美，被很多人喜欢而忘记了她的大脚丫。她成功了；她的坚持让她成功。她是一块耀眼的金子，沙子是埋不住她的。

同学们在学习上也要有这种贵在坚持的精神，不能因为一时的困难或者批评而退缩，勇敢地坚持下去，一定会成功，是金子总会发光的。

【活动反思】

这是一个温馨的故事，让我们感受到了梦想的力量。也许贝琳达看起来不是一个特别适合跳舞的女孩，但是她对舞蹈的热爱、对梦想的执着让我们深深感动。从这个故事中我们看到，只要心中怀有梦想，即使遭遇暂时的困境，也会因为坚持而让梦想大放异彩。有梦想的人是幸运的，就如同贝琳达一样，会得到他人的赏识，等到成功的机会。

和绘本中精彩的故事情节相对应的是绘本的绘画，作者用鲜明的粉红、蓝紫交织成悦目的画面，用漫画手法画出贝琳达橡皮般的长手、长腿和一双大

脚，幽默地展现芭蕾舞跳跃、伸展的种种姿态。整个画面充盈着舞动的线条和优雅的韵律，尤其是最后的几幅图画，贝琳达终于重返舞台，人物造型越发夸张，贝琳达飞扬的梦想和她优雅的舞蹈定格其中，让人回味无穷。

通过这篇故事，可以适当扩展课后作业，让同学们谈谈未来想做什么？他们觉得如何才能实现自己的梦想？

自我肯定

绘本故事《我是独特的，我就是我！》
《点》活动设计方案

竺　春

【活动主题】

宽容一点，自信一点

【活动绘本】

（1）绘本名称：《我是独特的，我就是我！》《点》。

（2）《我是独特的，我就是我！》内容简介：游戏中米罗想当狮子，不行！他不够强壮，只能当猴子。米罗想当海盗船长，不行！他个子太矮，只能当水手。米罗想当王子，不行！他不够英俊，只能当骑士。米罗很悲伤……

但是，神奇的妈妈对米罗说：水手爬上桅杆眺望、猴子在丛林中穿梭、勇敢的骑士穿着盔甲也是件了不起的事情，米罗终于相信他是独特的，可以成为他想成为的一切！充满爱与想象力的妈妈让米罗从一个自卑、胆怯、处处被拒绝的小男孩变得肯定自己，自信满满！妈妈让米罗明白猴子、骑士、水手有各自的价值和光芒，不比狮子、王子和海盗船长逊色。米罗和妈妈的故事让所有孩子与父母充满灵感和鼓舞。

（3）《点》内容简介：这是发生在作者彼德·雷诺兹身上的真实故事。有个小女孩正在发愁自己不会画画，美术老师鼓励她画点什么，她用笔使劲在画纸上面戳了一个点，老师说：请签名！于是这个点被镶进画框，挂在了美术教

室里。瓦士缇说，我还能画出更好看的点，于是用了好多种颜色画出了好多个点，老师为她的点举办了一个展览，她的点轰动了全校……

【设计理念】

如何帮助孩子们取得成功，秘诀可以很简单。对老师、家长来说，需要鼓励多一点，让孩子自信多一点，让他们学会欣赏自己。也许就是这么多一点点的鼓励和自信，就可能长成参天大树。一直希望表达这样的信念，但总是没有找到合适的绘本，直至遇到《我是独特的，我就是我！》和《点》。这两本绘本切入的角度不同，但是主题高度一致，受到鼓励和充满自信，永远是孩子成长路上最需要的。

【活动对象】

一、二年级学生。

【活动目的】

通过此次活动，倡议家长和老师给予孩子更多包容与鼓励，也希望孩子们能更加自信，不惧展现自己的能力。

【活动准备】

PPT，A4纸，空白书签，彩笔。

【活动过程】

（一）故事导入

同学们，很高兴和大家来分享故事，我是一位故事妈妈，喜欢讲故事，也很擅长讲故事，相信大家都有自己喜欢或者擅长的事情，可以和大家分享一下吗？

（孩子们分享很踊跃，有的会画画，有的喜欢跑步，有的会手工）

感谢大家的分享，都非常棒，我们每个人都有自己擅长的，都是独特的。接下来，让我们看看这个故事吧。

（二）故事讲述

1. 讲述故事《我是独特的，我就是我！》

故事较长，可以不做互动，孩子们在安静地聆听中，能够体会到故事中人物的情绪。

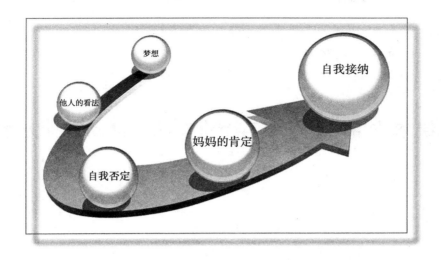

2. 延伸活动：亲子游戏，肯定自己

活动要求：孩子站在讲台前的一个凳子上，父母在孩子的旁边，孩子说出一句鼓励自己的话语。比如，我是最棒的，我是最强大的，我是最帅的……父母给予紧紧的拥抱。

3. 讲述故事《点》

在讲述故事的过程中，引导孩子们观察瓦士缇的情绪变化，瓦士缇在老师的引导下有了正向的感觉，通过对绘画的尝试，发现了色彩中的奥秘，慢慢积累了经验，拥有了绘画风格。

4. 延伸活动

（1）将A4纸发给孩子们，创作属于自己的"点"。（培养自信）

（2）把书签发给孩子们，下课后请孩子们写上自己好朋友的优点和鼓励的话语，作为礼物送给他。（鼓励他人）

【活动反思】

没有孩子是天生完美无缺的，甚至许多孩子生来就有许多不足，在他们面对各种人生难题的时候，最好的办法就是让他们找到自己的闪光点，重拾自信。这就需要您，他们的家长、老师、朋友……给予他们更多一点的鼓励，让他们能抬起头来，勇敢面对各种挑战，成为最好的自己。

了解食物在体内的消化过程

绘本故事《肚子里有个火车站》活动设计方案

竺 春

【活动主题】

学会健康饮食

【活动绘本】

（1）绘本名称：《肚子里有个火车站》。

（2）出版信息：［德］安娜·鲁斯曼/文，舒尔茨·史蒂芬/绘，张振/译，北京科学技术出版社。

（3）内容简介：每个人肚子里都有一个火车站，里面住着一批小精灵，它们专门帮人们处理吃进肚子里的食物，将食物磨碎，搅拌成糊糊，然后通过火车站将营养输送到全身，将废渣送到大肠、小肠排出体外。这个火车站需要好好维护。要是坏了，人体就会产生许多病痛。

看看，小女孩茉莉娅吃了个大亏，吃饭不认真，贪快，少咀嚼，并且爱吃寒凉的食物，所以她的肚子出事了！

【设计理念】

给一年级的孩子讲消化系统，真是为难的事，胃、大肠、小肠这些专有名词说得大人脑袋都疼，更别说让孩子们直接去理解了。直至看到这本《肚子里有个火车站》，这可说得太形象了，食物怎么进入消化系统，怎样的进食习惯是不好的，通过一个火车站的比喻就解决了，孩子们很快就可以对照起来理解。

【活动对象】

一、二年级学生。

【活动目的】

（1）通过欣赏故事，了解食物在体内的消化过程。

（2）引导孩子们学会健康饮食，保护好我们的"火车站"。

【活动准备】

故事PPT，表演的服装道具。

【活动过程】

（一）故事导入

1. 以表演的形式开始，母女二人

放学以后，孩子一蹦一跳地回到家，喊着：妈妈！妈妈！我的肚子饿了！妈妈说：我做了你最爱吃的意大利面哦。很快妈妈端出一盘意大利面给孩子，她狼吞虎咽地吃完了，还把电视机打开，看了一会儿，又去冰箱里拿了一只雪糕吃，可是没过一会儿肚子就开始疼了起来。哎哟，哎哟！妈妈我肚子疼，孩子疼得在地上打滚。表演结束。

2. 请孩子们说一说为什么会肚子疼

孩子们有的说她没洗手，有的说她吃得太快了，有的说她吃了雪糕，等等。孩子们观察得很细心，发现了很多问题，今天我给大家带来了一本书，我们先来看看这本书的封面。

（二）故事讲述

问题设计：人的肚子里仿佛有个火车站，里面有许多小精灵在工作，它们能帮助小朋友从食物中获取营养，并把它们变成废物（粑粑）排出体外（马桶）。

（1）火车站指的是什么？

答案：人的消化系统，消化道、胃、小肠、大肠。

（2）小精灵指的是什么？

人体里的消化液体，如胃酸。

（3）为什么洗干净了手，仍然会肚子疼？

无法及时消化：吃得太多、太快、太冷，没有细嚼慢咽。

（三）延伸活动

1. 胃部消化过程实验

选8个孩子，分四组，每组2人搭档。

将柠檬汁挤在密封袋里，2个孩子协助完成，第一组将香蕉片加入柠檬袋子里，第二组将饼干掰碎放进柠檬袋子里，第三组将硬糖加入柠檬袋子里，第四组将橡皮糖加入柠檬袋子里。四组孩子都把柠檬袋子密封好，请孩子们猜测那些食物容易消化。四组孩子用力把袋子里的食物挤压，通过这个过程了解胃部器官的运作。

2. 食物消化的过程

（1）口腔内：通过细嚼慢咽以及口水中的消化酶，食物会被牙齿切碎，磨合成泥。越是成泥糊状，越是容易消化。

（2）胃：食物到了胃里，会被胃酸消化、溶解，并被推挤到小肠。

（3）小肠：食物营养被抽取，供应到全身。

（4）大肠：剩下的食物废渣，会通过大肠排出体外。

3. 孩子们参与讨论，相机板书

如何保护好我们的"火车站"？

（1）勤洗手，讲卫生，防止病菌进入。

（2）细嚼慢咽，磨碎食物，减轻肠胃负担（把食物变成泥）。

（3）不能暴饮暴食。

（4）少吃生冷的食物。

（5）少吃难以消化的食物。

（6）少吃刺激性强烈的食物。

（7）刚吃完饭不可以剧烈运动。

【活动反思】

一直想给孩子们讲述这个故事，但是这类科普读物怎样才能让孩子们深刻地理解呢？为了让孩子们直观地想象和体验，我设计了几个互动，没想到效果这么好，一开始的表演就点燃了孩子们的热情。整个绘本讲述过程中，孩子们表现出了极大的兴趣，最后模拟胃部蠕动的活动，更让孩子们在实际体验中了解了整个过程。这让我想到，有时候我们会认为一些绘本很有用，但是孩子们看起来并不喜欢，其实可能是我们没有找到更好的方法，特别是科普类，可能孩子们会更喜欢亲身体验的方式。

保护牙齿，养成良好的刷牙习惯

绘本故事《牙齿大街的新鲜事》活动设计方案

竺 春

【活动主题】

牙齿大街的新鲜事

【活动绘本】

（1）绘本名称：《牙齿大街的新鲜事》。

（2）出版信息：［德］安娜·鲁斯曼/著·绘，王从兵/译，北京科学技术出版社。

（3）内容简介：哈克和迪克这两个小东西看起来古灵精怪，其实是两个野心勃勃的危险分子——它们在牙齿上挖洞建房，不仅要修建自己的舒适小窝，还梦想打造出一整条的牙齿大街……就在它们的美梦快要实现的时候，一把大刷子带着很多牙膏士兵出现在牙齿大街上。

【设计理念】

这是我的孩子非常喜欢的一本绘本，有很长一段时间孩子每天都让我反复读这本书给他听。当孩子看到封面上两个小怪物的表情就被深深地吸引了。故事用房屋来比喻牙齿，当说起牙齿大街的时候，孩子的脑海里就会想起一排排的牙齿，而小怪物建设大街的过程，就让孩子联想起牙齿上一个个的大洞。绘本就这么深入浅出地让大家明白，当我们不注意保护牙齿，没有养成良好的刷牙习惯，会有什么严重后果。

【活动对象】

一、二年级学生。

【活动目标】

（1）了解保护牙齿的重要性，掌握正确的刷牙方法，培养良好的口腔卫生好习惯。

（2）让孩子从绘本阅读中提升理解能力和表达能力。

【活动准备】

（1）《牙齿大街的新鲜事》绘本。

（2）牙齿图片、模型和牙刷。

（3）正确刷牙的视频。

（4）道具图片牛奶，巧克力，木耳，芹菜，洋葱，香菇，苹果，西兰花，冰激凌，可乐，奶酪，蛋糕。

（5）零食。

【活动过程】

（一）故事导入

1. 自我介绍搭配适合的服装

请学生介绍自己搭配服装的经验。

2. 绘本导读

（1）出示图片：哈克住在迪克的隔壁。牙齿上的牙洞就是它们的家，房子都是兄弟俩自己动手修建的。请同学们观察图片说一说这是什么地方？这里都有什么？这是被两兄弟蛀空的牙齿，里面都是食物残渣和细菌，两兄弟的百宝箱、柜子里面装的都是这些东西。

（2）出示图片：这是哈克、迪克两兄弟的最终改造计划——牙齿大街！请问如果牙齿大街修好了，对我们有什么影响？吃不了硬食物、牙齿神经会疼，最后可能要医生来修补牙齿，甚至拔牙，装假牙。

（二）故事讲述

1. 绘声绘色讲述故事

引导孩子们仔细观察图画，提升孩子们的读图和语言表达能力，讲到牙医警察出现的时候可以请孩子们预测结果。

2. 小组讨论

故事讲述完毕后，通过一些问题，启发孩子们继续探讨。

（1）迪克和哈克是谁？

（2）它们住在哪儿？

（3）它们怎样挖空牙齿，最喜欢小朋友怎么做？

（4）如果牙齿大街建成了，后果是什么？

（5）平时应怎么做才能赶走两兄弟？

（三）活动延伸

互动1：食物分类大比拼。

将事先准备好的食物卡片混乱摆放成几堆，几个孩子同时进行分类，看看哪些食物是我们平时可以多吃的，哪些是不可以多吃的。

可以多吃的食物：如牛奶、木耳、芹菜、洋葱、香菇、苹果、西兰花、奶酪等。

不可以多吃的食物：如巧克力、冰激凌、可乐、蛋糕等。

互动2：刷牙大比拼。

请几个孩子上台，使用牙齿道具展示一下自己刷牙的步骤，并请其他孩子打分和说出打分理由。

如果满分10分，我给他打8分，因为我觉得他刷得很好，不过最里面的牙齿没有刷到。

最后，请同学们观看正确刷牙的视频，故事妈妈使用牙齿道具示范正确的刷牙方法。

【活动反思】

这节故事课生动地展现了牙齿健康的重要性，因为不是说教，所以孩子们很容易接受，互动中孩子们对牙齿道具很感兴趣，刷牙刷得不亦乐乎。

这节课也对孩子们产生了良性作用，有孩子家长反映，孩子回家对于刷牙明显积极了，而且能正确刷牙，甚至给妈妈上了一课。也有的妈妈说，孩子回家就给自己讲了哈克和迪克，当孩子有些抗拒刷牙的时候，妈妈就会说，让我们来抓住哈克和迪克吧，于是孩子就会非常开心地开始刷牙。其实很多事情，如果我们用孩子更能接受的方式来讲解，就会避免许多"鸡飞狗跳"啦！

第三节　感受爱与温暖

爱与温暖

绘本故事《逃家小兔》活动设计方案

李莉萍

【活动主题】

逃家小兔

【活动绘本】

（1）绘本名称：《逃家小兔》。

（2）出版信息：［美］玛格丽特·怀兹·布朗/文，克雷门·赫德/图，黄迺毓/译，少年儿童出版社。

56

（3）作者简介：玛格丽特·怀兹·布朗，1910年出生于美国纽约，20世纪30年代中期，加入了美国儿童早期教育研究中心——班克街工作，在那里她常常聆听孩子们讲述自己编的故事和儿歌，并找到了生活的乐趣和方向。班克街的一个教育理念就是让孩子和教育者成为学习上的伙伴，而她也将这个观念运用到了日后的创作中，她写的一百余本幼儿图画书都充满了游戏的感觉。

（4）内容简介：这是一个大兔子和小兔子玩语言捉迷藏的简单故事，简单到最后只有短短的几句对话，环环相扣的故事情节、紧追不舍的追逐游戏，让人忍俊不禁，真不愧是儿童读物的经典。前面小兔子和妈妈的对话是两张写实的黑白钢笔画，紧随其后的是一个想象全彩大跨页，没有对白，让读者可以尽情地展开想象。这种黑白与彩色的穿插AAB模式，不仅把故事一次又一次地推向高潮，同时也无限地拓展了孩子们想象的空间。

【设计理念】

这本充满浓浓爱意的书，我已经记不清楚和孩子一起读过多少遍了，每一次读都有不一样的收获和感悟。我搂着孩子，她躺在我温暖的臂弯里，听着我温柔的声音，欢声笑语洋溢在我们的周围。那一刻，我们仿佛已然化身为书中的大兔子和小兔子，畅游在书中的场景里。所以我想把这本书推荐给大家，更想把和孩子亲子共读的过程呈现给大家。

【活动对象】

一至二年级学生。

【活动目的】

通过阅读引导让孩子感受绘本中小兔子和兔妈妈之间的浓浓爱意。让孩子发挥想象力，大胆地猜测故事情节。让孩子知道如何接受爱和对待爱，根据生活经验，让孩子学习如何用语言和动作去表达自己的爱。

【活动准备】

（1）阅读熟悉故事、细细体味书中情感。

（2）爱心卡纸或大闯关题目卡。

【活动过程】

（一）故事导入

小朋友们都喜欢捉迷藏吗？你们喜欢在捉迷藏中扮演什么样的角色呢？你印象中最深的一次捉迷藏是在哪里呢？小朋友们肯定都会说自己很喜欢捉迷藏，有的小朋友喜欢专门去找别人，享受找到别人的那种快感。有的小朋友喜欢躲着，享受别人来找他的刺激。相信小朋友们的发言肯定会很热烈，这里可以请3～5位小朋友来分享，大家可以根据发言时间自行调整。

听小朋友们分享完就可以说：今天啊，有一只小兔子，它也和你们一样，非常喜欢捉迷藏。它老是喜欢让别人来找它。你们想知道它都躲在哪里吗？它有没有被找到呢？下面我们一起进入今天的故事吧！

（二）故事讲述

可以让孩子先观察封面上的大兔子和小兔子，猜测它们是什么关系，在干什么？在故事讲述过程中，让孩子猜测小兔子会变成什么？兔子妈妈又会变成什么？例如，小兔子变成了鱼，那兔妈妈就变成捕鱼的人。但是，兔子吃鱼吗？它不吃，这时候聪明的兔子妈妈就把钓鱼竿上的鱼饵变成胡萝卜。相信小朋友们看到这里肯定会乐不可支。同时，我们可以让家长和孩子分角色朗读，仔细体悟和分析小兔子以及兔妈妈的心理活动。

（三）故事讨论

（1）小兔子和兔妈妈一共玩了几次捉迷藏呢？

这个对于孩子是不是很简单呢？孩子在故事当中就会找到答案。

（2）兔妈妈为什么一次又一次去追小兔子呢？

孩子会结合自身的想法以及生活经验给出答案。当然我们大人肯定会说：自己的孩子丢了妈妈肯定要去找呀！但是孩子也许就会又简单又呆萌地说，因为兔子妈妈也喜欢捉迷藏呀。不论孩子给出怎样的答案，都要肯定他。

（3）兔妈妈那么爱自己的宝宝，你们的妈妈爱你们吗？是怎么爱你的？

几乎所有孩子都会说，当然爱！妈妈给我做饭、照顾我等。这个问题其实跳出了故事本身，和孩子们的实际生活联系在了一起。所以，我们提出的问题是由浅到深层层递进。孩子听故事，故事来源于生活，我们的提问最后也回归到生活，与孩子紧紧地联系在了一起。

（四）故事延伸（可单选、复选）

1. 发挥想象创意续编

句式训练：如果你来追我，我就要变成（　　　　），如果你变成（　　　　），我就变成（　　　　）。

可以让孩子轮流拿着话筒进行简单的句式训练，也可以鼓励孩子把它创作成整体诗歌的续编。

示范：

《逃家小兔》续编

——赵忆宁

有一天，树洞里的小兔子吃红萝卜吃腻了。

她对妈妈说："我要跑走啦！"

"如果你跑走了，我就去追你，因为你是我的小宝贝呀！"

"如果你来追我，"小兔说，"我就变成一本书，跑进图书馆里。"

"如果你变成一本书，"妈妈说，"我就是图书管理员，我还是会找到你。"

"如果你变成图书管理员，"小兔说，"我就变成一个气球，飞得远远的。"

"如果你变成气球，"妈妈说，"我就变成一根绳子，系着你，陪着你。"

"如果你变成一根绳子，"小兔说，"我就变成一颗糖果，藏在糖纸里，让你看不见我。"

"如果你变成一颗糖果，"妈妈说，"我就变成一个袋子，把你装在里面。"

"如果你变成一个袋子，"小兔说，"我就变成草原上的草，让你找不到我。"

"如果你变成草原上的草，"妈妈说，"我就变成一片草原，这样你始终在我的怀里。"

"如果你变成一片草原，"小兔说，"我就变成小河里的水，流得远远的，让你追不到我。"

"如果你变成小河里的水，"妈妈说，"我就变成潜水的人，去找你！"

"如果你变成潜水的人，"小兔说，"我就变成一只螃蟹，用我的大钳子来夹你！"

"如果你变成一只螃蟹，"妈妈说，"我就变成抓螃蟹的人，来抓你！"

"如果你变成抓螃蟹的人，"小兔说，"我就变成一双臭袜子，把你熏得远远的。"

"如果你变成一双臭袜子，"妈妈说，"我就把你扔进垃圾桶里！"

"天哪！"小兔说，"我到底还是不是你的小宝贝了呀？"

"当然是啦，"妈妈说，"如果你乖乖地吃你的胡萝卜的话！"

"我再也不想吃胡萝卜啦！"小兔说，"我想要吃青菜！"

2. 智力大闯关

如不打印，也可以放入PPT让孩子互动参与。

逃家小兔智力大闯关

姓名：_____

一、选择题（共5题，每题2分，共10分。）

1. 兔子的眼睛是红色的，那么它死后眼睛会变成什么颜色呢？
A. 白色
B. 黑色
C. 会出现黑点
D. 还是红色

2. 兔子为了补充自身所缺乏的营养，会吃哪种食物呢？
A. 水果
B. 昆虫
C. 粪便
D. 自己的粪便

3. 兔子在奋力奔跑时，且朵是什么样的呢？
A. 向后甩
B. 向两边甩
C. 前后摆夹
D. 还是竖直的

4. 兔子为什么会蹦蹦跳跳呢？
A. 喜欢跳
B. 天生没法走路
C. 性子太急躁
D. 腿部构造就只能跳

5. 北极兔在冬天到来之前会做什么准备呢？
A. 毛变长了
B. 毛变白了
C. 储备粮食
D. 为了冬眠而挖洞

答案卡：

1. A. 白色
大部分脊椎动物的眼睛里都有虹膜，所以能够根据光线的强弱来改变瞳孔的大小。在动物活着的时候，虹膜内部总是不停注入新的血液。其他动物的虹膜都是有颜色的，所以看不见里面的血。但兔子的虹膜是无色透明的，所以我们可以看见里面红色的血液。兔子死了之后血液不再注入虹膜，所以眼睛就变成白色的了。

2. D. 自己的粪便
对于兔子来说，自身排出来的粪便是一种很珍贵的营养物质。虽然不知道味道如何，但是兔子的粪便中含有丰富的蛋白质和维生素。草食动物会把食物先吞进胃里，像牛一样的回嚼动物会进行反刍，兔子没有反刍需要的那个胃，所以在肠中进行发酵时就产生了含有蛋白质的维生素的粪便。兔子消化食用粪便中自己的粪便，就能补充自身缺乏的蛋白质和维生素。

3. D. 还是竖直的
兔子在奋力奔跑时，且朵是竖直的。我们一般都会认为，兔子的耳朵十分灵敏，是重要的听力工具。但是兔子的耳朵还为身兼其他的重要构造，就是为了散发自身的热量，必须要使耳朵竖立起来，才能让身体保持正确的温度。

4. D. 腿部构造就只能跳
兔子的前腿很短，但是后腿却很长。所以走起路来弹跳得更大的劲。即使是在安全情况或者很短的距离中，兔子也是跳跃的前腿奔行动。另外，兔子还是以跳跃的前腿奔行动，才能有利于上山。

5. B. 毛色变白了
北极兔是兔山种的一种。大部分少兔的毛色在夏天和冬天是不一样的，夏天是浅色，冬天就以白色作为保护色。北极兔的毛色会随着天的时候变成白色。这样的活就不会被敌人发现，能够很好地隐藏到雪地里去。

3. 捉迷藏

此游戏可以在家亲子阅读后进行，也可以在周末户外读书会进行，但是要注意招募义工和安全事项等。

（五）图书推荐

《当月亮照耀全世界的孩子》和《听世界念一首晚安诗》都是玛格丽特·怀兹·布朗的珍贵遗作。她的12首睡前童谣被《纽约时报》评为畅销绘本，并称为"最珍贵的发现"。《小岛》更是让她于1947年将凯迪克金奖收入囊中。

（六）故事结语

故事中的小兔子不管是出于叛逆还是受了委屈，都不过是想知道妈妈有多么爱它，对吗？如果你就是故事中的小兔子，你会怎么做呢？我们的家人都这么爱我们，你爱他们吗？你想对他们说些什么呢？请把你对他们的爱大声地说出来吧！（可让孩子在小卡片上写下来带给家人，也可直接邀请孩子发言）

【活动反思】

这是一个温馨好玩的故事，但其包含的话题"离家出走"却是个严肃的话题，特别是到了"叛逆期"的孩子，亲子关系变得紧张的情况下，作为父母，我们该如何对待？这个故事给了我们很多启迪，首先得让孩子清楚地知道我们永远爱他，永远是他的后盾，最重要的是，如何以"兔妈妈的智慧"平和接纳，化紧张为和谐。

妈妈的关爱

绘本故事《我的妈妈真麻烦》活动设计方案

汤英祥

【活动主题】

转换角度认识妈妈，了解妈妈

【活动绘本】

（1）绘本名称：《我的妈妈真麻烦》。

（2）出版信息：［美］芭贝·柯尔/著，赵盈/译，中国电力出版社。

（3）内容简介：这个故事的开头部分不仅讲了因为妈妈的与众不同，使得"我"遇到没有朋友这样的麻烦，还讲了妈妈遭受其他成人的非议、冷落甚至鄙视的麻烦。直到有一天，她骑着扫帚、牵着乌云从天而降，把学校从熊熊烈火中拯救出来，她的善举和壮举征服了所有的人——人们终于看到了隐藏在她怪异外表下的爱心和勇敢精神！

根据这次读书会的时长和目的，我选择只讲给"我"带来的麻烦。

【设计理念】

孩子进入四年级，家长们在一起交流时，说得最多的就是孩子越来越不听话了、你说一句他回十句、学会犟嘴了等。孩子渐渐长大，有自己的思想是好事，但怎么能让他们拥有同理心，能够站在他人的角度想问题呢？恰逢母亲节前一周，就和老师商量开一个关于母亲节的读书会，在这里特别感谢李老师，她欣然同意，并大方地让出一节课。

接下来就是重要的选书环节。给四年级的孩子讲故事，选书是有一定难度的，因为孩子们有一定的阅读量，我有些担心故事不够吸引他们，所以选了听书名就很想阅读的《我的妈妈真麻烦》。

因为想要添加一些互动内容，所以加入了手工环节，制作一张感谢卡，一面写感谢的话，一面设计花束图案。

【活动对象】

四年级学生。

【活动目的】

（1）通过阅读让孩子从另外的角度认识妈妈、理解妈妈。

（2）通过阅读让孩子学会换位思考，拥有同理心，学会交流沟通。

（3）利用阅读激发孩子的想象力，培养沟通能力，充分展现童真童趣。

【活动准备】

（1）挑选合适的绘本故事，制作故事PPT。

（2）招募妈妈义工。

（3）准备手工材料：胶水，卡片，挂绳，各色彩纸，花形压花器。

（4）用花形压花器压出所需要的各色小花。

（5）下载好歌曲，周杰伦《听妈妈的话》。

【活动过程】

（一）故事导入

提问：请用一个词形容你的妈妈。

刚开始孩子们的回答是漂亮的、能干的、温柔的，自从一个孩子说我妈妈有点啰唆之后，就开启了孩子们的"吐槽之旅"，厉害、唠叨这些词不绝于耳。

总结：看来你们有的人对妈妈有些意见，没关系，有意见很正常。今天我要讲的故事里的主人公对妈妈也有意见。

这时展示故事PPT封面，说出绘本名字《我的妈妈真麻烦》。果然孩子们听了书名后，感觉像是一本说妈妈坏话的书，都显示出了莫大的兴趣。

（二）故事讲述

1. 绘声绘色地讲述故事

"我"的妈妈是一位女巫，所以她很与众不同：她的帽子简直就是一所小小的动植物园；她骑着扫帚送"我"去上学的情景，谁见了都会惊呆；她热心为学校烹制的蛋糕，让与会者大倒胃口、毛骨悚然；她好意想跟家长们开个玩笑、逗个乐子，却在无意间把他们变成了难看的青蛙；她在家里养了那么多稀奇古怪的宠物，没有胆量的人还真不敢踏进那座魔幻般的城堡……太多的与众不同，给"我"的妈妈带来了太多麻烦，她所遭受的非议、鄙视、冷落是不言而喻的。直到有一天，她骑着扫帚、牵着乌云从天而降，把学校从熊熊烈火中拯救出来，她的善举和壮举征服了所有的人，人们终于看到了隐藏在她怪异外表下的爱心和勇敢精神。

故事讲完了，孩子们理解了故事中妈妈的奇怪行为总能派上用场，给"我"和"我"的朋友带来欢乐，从而渐渐扭转了妈妈在书中的形象，知道了书名其实是用一种"反语"的方式起到吸引人的作用。

2. 故事结束后设计的互动问题

（1）你觉得故事中的妈妈是一个什么样的人？

孩子们会根据故事内容回答问题。（热情的，勇敢的，特别的……）

（2）你的妈妈有没有做过让你印象深刻的事？

有孩子说下大雨路面积水比较深的地方，妈妈背着我走过去；每次过马路妈妈都会牵起我的手；妈妈休息的时候会陪我去动物园和游乐场……

可能妈妈不会记得这些事，却能让孩子记忆深刻。

（3）妈妈最常跟你说哪一句话，为什么？

这个问题孩子的反响最大，孩子们的回答有快点写作业；快点吃饭；快去洗澡；睡觉时间到了，关灯睡觉……这时再追问一句"为什么妈妈老说这句话"时，孩子们都知道问题所在，让他们从另一个角度思考妈妈的良苦用心，从而感恩妈妈。

（4）你觉得你做什么妈妈会开心？

一个孩子说我帮妈妈做家务，妈妈就会很开心。这个孩子的妈妈报名义工，正在教室里，我看到妈妈眼圈红了。

母亲节在5月的第二个星期天，母亲节快到了，我教你们亲手做一张感谢卡，把你最想跟妈妈说的话写在上面，这是送给妈妈的礼物。

（三）延伸活动

妈妈义工分发手工材料。

设计卡片，一面做图案设计，一面是写给妈妈的话。

展示作品。

（四）活动后记

让孩子们自己设计感谢卡，他们给了我和其他家长很大的惊喜，真没想到孩子们这么配合（活动之前设想了很多不顺利的情形，事实证明，我们想多了）。有的孩子写出满满一卡片的字，表示对妈妈的爱，有的孩子简单的I love you也很真情实意！

孩子们做完后拿上讲台展示并留影。

不足之处，在做卡片的过程中忘记播放周杰伦的《听妈妈的话》，我很喜欢里面的歌词，希望孩子们引起共鸣或认同这首歌，这一失误让我很遗憾。

（五）故事道理

也许真应该感谢那场大火，是它给"我"的妈妈提供了证明自己以及被别人接纳的机会。但是，如果没有那场大火呢？是不是就意味着"我"的妈妈得一直被误解、被歧视？毕竟，生活中像这样的机会太少了！毕竟，能成为英雄的妈妈太少了！

这不能不促使我们反省：我们的生活中，是不是少了一些客观、多了一些武断？少了一些公正、多了一些偏见？少了一些大气、多了一些狭隘？少了一些宽容、多了一些苛求？

爱的胸怀应该是博大的、深邃的、宽厚的、平和的，学会接纳和包容与自己不同类型的人，是一个很现实的生活课题。你的心有多大，你给别人的空间就有多大，关于这一点，我们大人还真得好好向孩子们学习呢，学习他们发自内心的善良与率真，学习他们出于本色的公正与平等。

同时，我们也应该看到：由于这个故事具有浓厚的荒诞色彩，所以"我"的妈妈这个形象也就显得格外另类。她其实是一个经过艺术加工的较为极端的例子。但是，我们只要细心地去琢磨、体会，便不难发现隐含在"另类"之中的共性，那就是：孩子们都希望自己拥有一位富于爱心、童趣、情调并能给予自己自由空间与快乐的妈妈朋友。

【活动反思】

这次活动开展得很顺利，分享的《我的妈妈真麻烦》在塑造了一个另类勇敢的妈妈形象的同时，也教会我们要从不同角度观察了解生活中的他人。

这本绘本不仅可以启发孩子们多多了解和体贴妈妈，也可以从成人角度理解。我们成人喜欢的，孩子们不一定喜欢；我们成人无法接受的有长脚的蛇、老鼠的帽子，还有那些我们认为丑陋的宠物，孩子们也许看着很喜欢。所以，不要用我们成人的眼光去替代孩子的眼光，更不要想当然地认为我们给孩子们的就是对的、好的，孩子们有自己的眼光、有自己的世界。我们成人要小心，不要破坏了孩子的眼光，不要破坏了孩子本来的世界，更不要用自己的标准去帮孩子选择。我们要把孩子的世界还给孩子。

真爱超越一切

绘本故事《永远永远爱你》活动设计方案

林绍容

【活动主题】

爱的力量

【活动绘本】

（1）绘本名称：《永远永远爱你》。

（2）出版信息：［日］宫西达也/文·图，蒲蒲兰/译；二十一世纪出版社。

（3）内容简介：慈母龙妈妈从森林里捡回了一个蛋宝宝。令人惊讶的是，蛋壳里跳出来的竟是可怕的霸王龙宝宝！善良的慈母龙妈妈不忍心把霸王龙宝宝扔掉，就把它留了下来，并给它取名叫良太。在妈妈的关爱下，良太一天天长大了。一天，良太独自去采红果子，遇到了另一只霸王龙，发现了自己的身份……宫西达也用一贯独特的绘画手法，讲述着慈母龙妈妈的伟大，也让孩子感受到真情无价，爱可以超越一切，哪怕养大的是自己的敌人。

【设计理念】

还记得孩子幼儿阶段，当我捧着《永远永远爱你》，用饱含情感的语调，到最后哽咽地演读完，Jolin红了眼眶，感动到抽了抽鼻子紧紧地抱着我。那一刻，我知道，我和孩子之间是紧紧相连依偎在一起的。多年后，每每回忆起那一刻，岁月静好，那是属于我们娘儿俩弥足珍贵的光阴。很多时候，绘本故事带给我们的就是一种情怀，一种对时光的追忆。

【活动对象】

一、二年级学生。

【活动目的】

（1）了解故事内容，激发阅读兴趣，感受绘本的魅力，培养良好的阅读习惯。

（2）根据故事情节，合理猜测，引发思考。

（3）学会感恩。

【活动准备】

绘本PPT，霸王龙、慈母龙的模型玩具。

【活动过程】

（一）故事导入

（1）很久很久以前，地球上生活着一个庞大的家族，它们统治着海陆空，其他动物都比不过它们，它们就是名副其实的霸主，知道是什么吗？（猜测）

（2）今天我们的课堂多了几个动物（出示霸王龙），今天的故事就是关于恐龙系列的。小朋友们，你们听过关于恐龙的故事吗？邀请3~5位孩子进行分享。

（二）故事讲述

1. 出示绘本PPT

介绍绘本的书名、作者和出版社。观察封面，边出示绘本PPT边讲述。

2. 共读故事，猜测探讨故事情节

（1）当慈母龙发现从蛋壳里跳出来的是霸王龙宝宝时，它把霸王龙宝宝扔掉了吗？

（2）突然从岩石的后面……你们猜，岩石后面发生了什么事？

（3）当成年霸王龙告诉良太它是霸王龙时，良太相信它吗？它是什么反应？

（4）这个叔叔会不会是我的……会是它的什么人呢？

（5）良太去了哪里呢？

（6）霸王龙是一只怎样的霸王龙呢？慈母龙又具备什么品质呢？生活中，有没有谁是跟慈母龙一样无私博爱的呢？

（三）延伸活动

（1）播放《感恩的心》并齐唱，让孩子们感受这个多彩的世界，因为有人爱着我们才色彩斑斓、美好。

（2）邀请部分组员玩"给爸爸妈妈穿衣服"的游戏，让三组2人上来，一个扮演父母，一个扮演孩子，孩子给父母穿外套并且拉好拉链，体验平时我们被照顾的情景。

（3）做心愿卡，并且写上最想对某个人说的感恩语句。

（四）关于恐龙系列的绘本推荐

《你看起来好像很好吃》《我是霸王龙》《你真好》《我爱你》《遇到你，真好》《最爱的，是我》很适合学生阅读。

【活动反思】

不同年龄段的孩子听到这个故事会有不同的感悟，针对性地深挖问题，可促进他们不同的思考。

活动互动时需要跟孩子们讲好规矩，对于破坏纪律的或者想法太过于强烈的可单独引导（如果有其他家长，可邀请帮忙）。

心愿卡完成得较快的可进行分享，并且拍照表扬以肯定孩子的心声。

上述的延伸活动可根据故事的时间长短酌情安排。

家人之间要相亲相爱、平等且互相尊重

绘本故事《朱家故事》活动设计方案

林绍容

【活动主题】

学会分担

【活动绘本】

（1）绘本名称：《朱家故事》。

（2）出版信息：［英］安东尼·布朗/文·图，柯倩华/译，河北教育出版社。

（3）作者简介：安东尼·布朗（Anthony Browne），1946年生于英国谢菲尔德郡。他从小就喜欢艺术，经常跟着父亲一起画画，投身于自己热爱的"真正绘画"，并在绘本创作上取得了极大的成功。代表作品：《我和你》《你感觉怎么样》《秘密朋友夜西米》《威利的画》《魔术师威利》《我爸爸》等。

（4）内容简介：记录朱家每天的生活常态，朱先生每天上班，看报纸；孩子们负责上学，看电视；而朱妈妈每天要上班，并且下班后一人包揽了所有的家务。长此以往，妈妈终于生气了，于是离家出走。妈妈不在的日子，朱先生和孩子们只好自己做家务，短短的日子他们体验到了做家务的辛劳，体会到了妈妈的不容易，且期盼妈妈早日回家。终于妈妈回家了，朱家一起共同承担家务，慢慢地，一家人也变得越来越温馨、和谐幸福。

【设计理念】

这是一个温情且极有意义的绘本故事，我非常喜欢，因为在幼儿园的时候，我女儿跟着琛琛姐姐反复聆听，就能复述给我们听，孩子奶声奶气、稚嫩模仿讲述的那一刻，喜悦和满足感油然而生。那时候真的很感叹，孩子的潜能真的很大，一个那么小的孩子，竟然有这么强的表达能力。孩子真的是父母给予什么，就会收获什么，希望看到这里的你们，能有所启发和共鸣，因此进入故事课堂也自然选择了《朱家故事》。

【活动对象】

二年级学生。

【活动目的】

（1）通过讲述故事，让孩子们懂得家人之间要相亲相爱，家庭成员之间是平等且互相尊重的。

（2）从故事中明白，作为家庭成员，每个人都要共同承担家庭的家务事，互相帮忙。

【活动准备】

（1）绘本。

（2）《朱家故事》PPT。

（3）背景音乐（最好以轻音乐为主，也可以选择适合该主题类型的音乐）。

【活动过程】

（一）故事导入

提问：平时家里谁煮饭呢？谁拖地呢？谁买菜呢……

故事前小调查（可在黑板上做个大概的统计）。

对于有劳动行为的小朋友表示肯定和夸赞。

（二）故事讲述

1. 讲故事

先用角色切换的方式温情地讲述一遍故事。让孩子们被故事情节吸引并引发思考。

（1）故事讲完后，说说朱先生、西蒙和帕克早餐时与晚餐后的状态。

（2）晚餐后，朱先生的动作如何？让孩子们学一学，并且探讨这样对不对，错在哪里，要如何改正？

（3）西蒙和帕克说了什么，做了什么？

（通过模仿和表演，感受朱先生和儿子们的自私与懒惰，反思自己平常在家有没有这样的行为，并且自省这样的方式对不对。小提示：模仿要积极，以正面形象为主）

（4）朱太太早餐后在做什么，傍晚又做了哪些事？

（通过概述，既锻炼了孩子的表达能力，又提升了总结能力，再次感受到朱太太的辛劳）

（5）朱太太走后，朱先生、西蒙和帕克是怎么想的？怎样做妈妈才会回来呢？

（例如，妈妈，我们一起煮饭，打扫吧……）

（6）朱太太终于回来了，朱先生和孩子们发生了什么变化？他们是怎么做的？

（可让孩子们总结，爸爸怎么样？西蒙和帕克还有妈妈怎么样）

2. 再次与孩子们回顾故事大概脑图

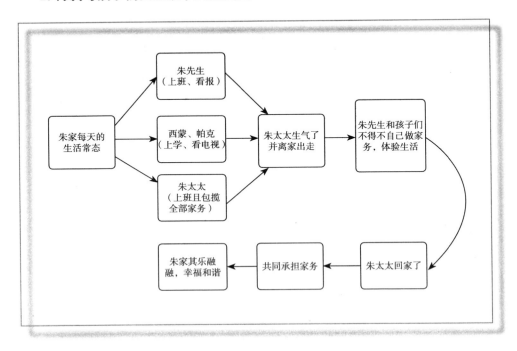

（三）互动设计

（1）亲子角色扮演：邀请家长义工参与课堂，与孩子表演小品《晚饭后》。

（2）鼓励孩子回去后用自己的体会和方式画一张思维导图，既加深对故事内容的理解，也让孩子们由衷地体会生活、参与生活。

（四）活动小结

爸爸妈妈每天上班都很辛苦，他们不仅要上班，还要承担我们的衣食住行、大小事务，很多时候，我们也要帮忙，一家人才相亲相爱，其乐融融……大家心情也会无比快乐，生活会更加幸福。大家一起生活，要心中装有彼此，爱意才会绵绵。

【活动反思】

通过绘本故事，孩子们的家务能力得到了锻炼和提升，不少孩子参与到家务事中来。我想，一次活动，能见效一点点，哪怕是很微小的，也是值得的，这便是活动的意义。

无私博大的爱

绘本故事《爱心树》活动设计方案

陈佩虹

【活动主题】

故事课堂《爱心树》

【活动绘本】

（1）绘本名称：《爱心树》。

（2）出版信息：〔美〕谢尔·希尔弗斯坦/文·图，傅惟慈/译，南海出版公司。

（3）作者简介：谢尔·希尔弗斯坦是一位享誉世界的艺术天才，集诗人、插画家、剧作家、作曲家、乡村歌手于一身。在他的儿童文学作品中，他自称谢尔比叔叔。他的绘本《失落的一角》《失落的一角遇见大圆满》《爱心树》等作品被翻译成30多种语言流传世界各地。

（4）内容简介：绘本讲述了一个男孩和一棵大树的故事。一个年幼的小男孩来到树下，大树陪他游戏，大树很快乐；男孩长大成人，要买东西，需要钱，大树付出它所有的苹果，让男孩去卖钱，大树很快乐；男孩人到中年，说要建房子，大树付出它茂盛的枝条，让男孩去建房子，大树仍很快乐；男孩逐渐老去，说要造船驶向远方，大树付出它粗壮的树干，让男孩去造船，大树还是很快乐；男孩到了垂暮之年，他再次来到树下，想找个地方休息，大树付出了它仅剩的老树墩，大树仍非常快乐。作品围绕孩子人生的五种需要和大树的五次付出展开叙述，"孩子需要—大树付出—大树很快乐"的多次萦回低唱勾

74

勒出层次分明的故事架构。

【设计理念】

绘本用简洁的文字和黑白的线条讲述了一棵树与一个男孩的故事，主题思想丰富，故事耐人寻味。大树给予了一个男孩成长中所需要的一切，把无私、博大的爱给予了男孩，而自己却不图一丝一毫的回报。每一幅画面和每一个文字都能深深滋润孩子们的心田。

【活动对象】

一、二年级学生。

【活动目的】

（1）通过阅读让孩子感悟大树的无私奉献，引导孩子学会感恩。

（2）理解"给予"的崇高含义，感受爱与被爱，懂得感恩。

（3）通过绘本图片，让孩子观察、讨论，发展孩子的逻辑思维能力和语言表达能力。

【活动准备】

（1）绘本PPT。

（2）图片（树、小男孩、苹果）。

（3）彩色爱心卡纸。

（4）音乐《感恩的心》《时间都去哪儿了》。

【活动过程】

（一）特色导入

（1）分步出示绘本封面的图片（树、小男孩、苹果）。

孩子们，你们觉得这棵树的形态是怎么样的？小男孩在干什么？他们有什么对话呢？（一棵大树弯着身子，正在把一颗红苹果给一个穿着背带裤的小男孩）

（2）导出主题，出示绘本封面。

这幅画是一本书的封面，这棵大树给予小男孩的东西不止一个苹果，那它还会给予小男孩什么呢？让我们一起来看绘本吧！

（二）阅读绘本

1. 介绍绘本的书名、作者和出版社

在讲述绘本故事之前，首先介绍绘本的书名、作者和出版社等信息，让学生对绘本有一个整体的印象。

2. 讲述绘本第一段，感受大树与小男孩相亲相爱的快乐

（1）提问：

① 小男孩每天都会跑到树下，他会干些什么呢？（采集树叶）

② 小男孩用树叶干什么呢？（做皇冠，想象自己是森林之王）

③ 他还会跑到树下干些什么呢？（荡秋千、吃苹果、跟大树捉迷藏、累了在树荫下睡觉）为什么小男孩非常爱大树呢？（因为大树带给他快乐）

④ 小男孩用什么方式来表达对大树的爱？（拥抱、刻爱心并写上自己的名字）

（2）小结：大树爱男孩，男孩爱大树，大树是因为和爱的人一起游戏，它感觉很快乐。

3. 讲述绘本第二段，体会大树的孤独

（1）提问：

① 时光流逝，孩子逐渐长大，你们觉得接下来会发生什么事呢？（小男孩长大了，他有了新朋友，再也不来和大树玩耍，大树常常感到孤寂）

② 你们从图中发现了什么？（树上多了一个爱心，有四只脚丫了）

③ 你是从哪里感受到大树很孤寂？（低垂着树枝）

④ 你能说出此时此刻大树心里是怎么想的吗？（小男孩长大了，他不陪我玩耍，我好孤单）

（2）小结：青年的小男孩不来和大树玩耍了，大树好孤独，好想念曾经的快乐时光。

4. 讲述绘本第三段，感悟大树给予男孩帮助后的快乐及大树心里的难受、担忧

（1）提问：

① 男孩回来看大树，他是不是来和大树玩耍的呢？（不是）

② 男孩回来做什么呢？（向大树索取）他向大树索取了什么？大树给予了他什么呢？（男孩子长大成人，要买东西，需要钱，大树付出它所有的苹果，让男孩去卖钱；男孩人到中年，说要建房子，大树付出它茂盛的枝条，让男孩去建房子；男孩逐渐老去，说要造船驶向远方，大树付出它粗壮的树干，让男孩去造船）

③ 大树给予了男孩那么多的帮助，男孩会对大树说些或者做些什么呢？（男孩什么都没有对大树说）你觉得男孩是一个怎么样的人？（自私、贪心，没有礼貌，不懂得回报）

④ 为什么大树只剩下树墩了，还是很快乐？你是怎样看待大树的？（大方、有爱心、无私奉献）

⑤ 你能说出此时此刻大树的心情是怎么样的呢？（伤心、难过、孤单、担心）

（2）小结：大树帮助了男孩，男孩快乐，所以大树也快乐。大树把树干给了男孩，让男孩做成船去航行，大树很快乐，但是大树爱男孩，它舍不得男孩离开那么久，又担心男孩会遇上危险，所以心里有些难受、担忧。

5. 讲述绘本第四段，感悟大树给予男孩树墩的快乐

（1）提问：

① 过了很久很久之后，他们见面了，为什么老树墩说的第一句话是"非常抱歉"？（大树觉得自己只剩下老树墩了，没有办法给男孩任何东西了）

② 这次男孩想要的是什么呢？大树是怎么样做的？（大树尽量把身子挺高）

③ 大树为什么要把身子尽量挺高？（大树知道男孩很老了，尽量挺高是为了让男孩坐得舒服）

④ 看着男孩在自己身上坐下来，大树为什么很快乐？（觉得自己能帮助男孩，男孩快乐，大树就快乐）

（2）小结：大树爱男孩，很爱很爱，男孩快乐，大树就快乐。大树希望自己能帮助男孩，让男孩快乐，所以它希望再为男孩做点事。

（三）经验积累，体会真爱

（1）讨论：

① 在我们身边也有像大树一样专心爱护我们、为我们无私奉献的人，你们知道他们是谁吗？说说他们是怎样关心、爱护我们的？（大树就像我们的父母，我们向他们索取了那么多，我们总是被爱）

② 我们的爸爸妈妈、爷爷奶奶爱我们，就像爱心树爱男孩一样，我们能为他们做些什么呢？（以后我们也要经常为他们做一些力所能及的事情，如做家务、说些感谢的话，我们应该学会感恩）

③ 在我们的生活中，除了父母之外，还有没有其他的事物像大树那样无私奉献呢？（大树其实就是大自然的代表，而男孩就是贪欲旺盛的人类的代表，起初人类对大自然的奉献感激不尽，但是随着时间的流逝，便觉得这是理所当然的，于是开始疯狂地向大自然索取，面对人类的行为，大自然是忍气吞声，默默地接受这一切）

（2）小结：爱心树给我们展示的不仅仅限于对爱的深刻体会，更是这个世界的小小缩影。人不能一味地索取，要懂得奉献，更要懂得感恩，如果人人都像文中的小男孩，知恩不图报，一直向自然、向他人索取，那么这个世界将没有爱心可谈。

（四）延伸活动（可单选或复选）

（1）播放音乐《感恩的心》，全班齐做手语操。

（2）播放音乐《时间都去哪儿了》，制作感恩卡片。

现在让我们将这满满的温暖延续到我们的生活中去，此刻，用你的手把你想对爸爸、妈妈、爷爷、奶奶说的话写在爱心感谢卡上。

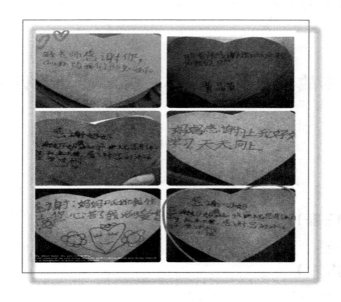

【活动反思】

这个故事看似简单，却有很深的内涵，我第一次听这个故事时，认为这是一个无私奉献的母亲的故事。然而多读几遍，不禁反思，为何孩子理所当然地一次又一次地索取呢？如果大树是一位母亲，它是不是一位称职的母亲呢？作为父母的我们，是否在满足孩子物质欲望的同时，教会了他感恩的心呢？

在和孩子分享讨论的过程中，我们潜移默化地将爱的种子播种在孩子心中，静待花开吧！

与外公的亲情

绘本故事《先左脚再右脚》活动设计方案

陈佩虹

【活动主题】

故事课堂

【活动绘本】

（1）绘本名称：《先左脚再右脚》。

（2）出版信息：［美］汤米·狄波拉/文·图，柯倩华/译，河北教育出版社。

（3）作者简介：汤米·狄波拉，美国儿童作家、插画家，被誉为"美国绘本之父"。曾获凯迪克大奖、纽伯瑞大奖及入围安徒生大奖，被公认为美国童书界的常青树。

（4）内容简介：巴比刚生下来的时候，爷爷巴柏就是他最亲密的朋友。巴比学走路的时候，爷爷巴柏耐心地说着："先左脚，再右脚。"一步一步教会了巴比走路。突然，爷爷巴柏中风住医院了。经过了漫长的等待，巴柏虽然回家了，却不会走路，甚至不认识巴比……一切都让巴比十分害怕，直到他鼓起勇气亲近巴柏、帮助巴柏。终于有一天，爷爷在巴比说着"先左脚，再右脚"的引导下，重新学会了走路……书中略带自传式的描绘，带给读者一个关于浓浓的亲情与真挚的友情的故事，读之令人感动、难忘。

【设计理念】

走在生命的初始和归途，以血脉亲情为纽带，祖孙之间总能产生温馨的交流，生成很多意味深长的故事。今天推荐的绘本取材于作者与爷爷之间的真实故事，它让我们懂得知惜——站在距离亲人最近的位置，用最平常、最心安的方式去爱，并不是一件容易的事情。在父亲节来临之际，带孩子感受浓浓的亲情，学会感恩。

【活动对象】

二年级学生。

【活动目的】

通过绘本阅读激发阅读兴趣，培养阅读习惯。

带孩子感受浓浓的亲情，了解家人之间要互相帮助、互相扶持，学会感恩。

【活动准备】

绘本PPT，音乐《父亲》，彩色爱心卡纸（每人一张）。

【活动过程】

（一）故事导入

（1）自我介绍：大家好，我是×××妈妈，今天很高兴和大家来分享故事。

（2）出示封面，观察封面，让孩子们进行猜想导入。

（二）带着问题完整地阅读绘本

提出以下问题。

（1）从扉页你能看出他们之间是什么关系吗？他们在做什么呢？

（2）爷爷巴柏是怎样教巴比走路的？

（3）他们是怎样玩积木的呢？

（4）巴柏生病了，巴比的心情是怎样的呢？

（5）巴比是怎样照顾巴柏的呢？

（三）总结

这是一个关于浓浓的亲情与真挚的友情的故事，老人照顾抚养孩子，孩子长大孝顺、照顾老人，家人之间要互相帮助、互相扶持，学会感恩。

（四）延伸活动（可单选或复选）

1. 说说你的故事

我们的爷爷、奶奶、外公、外婆、爸爸、妈妈也在用他们的爱呵护着我们慢慢长大，你能说说你和家人之间的故事吗？

2. 手语舞《父亲》

需要找到手语舞事先练熟，或者找到相关视频现场播放。

3. 写感谢赠言

在爱心卡上写感谢赠言。

4. 课后延伸

回忆你和家人之间的幸福故事，选择一个你最难忘的情景画一画、写一写。

【活动反思】

（1）本次的故事课堂重点放在了活动互动上，让孩子们感受浓浓的亲情，学会感恩。

（2）不足的是手语舞《父亲》的互动，在选择上难度有点大，很多孩子跟不上音乐的节奏。建议找动作容易的手语律动。

（3）本来觉得孩子们只会在感谢卡上写"父亲节快乐"，出乎意料的是很多孩子都写了感人的感谢语。

生活的艰辛

绘本故事《卖火柴的小女孩》活动设计方案

范 翔

【活动主题】

经典童话

【活动绘本】

（1）绘本名称：《卖火柴的小女孩》。

（2）出版信息：［丹麦］安徒生/文，童丹/编著，湖北长江出版集团。

（3）内容简介：一个可怜的小女孩在合家欢乐、举杯同庆的圣诞夜出来卖火柴赚钱，因为没有卖掉一根火柴，小女孩一天没有吃东西了。她又冷又饿，她擦亮了第一根火柴，看见了温暖的火炉；她擦亮了第二根火柴，看见了香喷喷的烤鹅；她擦亮了第三根火柴，看见了美丽的圣诞树；她擦亮了第四根火柴，看到了久违的外婆。她害怕火柴熄灭了，外婆就会像火炉、烧鹅、圣诞树一样消失不见，于是擦亮了一整把火柴，想让外婆留在自己身边。最后小女孩嘴角带着微笑死去，没有人知道她生前最后一刻看到的美好情景。

【设计理念】

现在的孩子生活在蜜罐里，在我的教书生涯中，遇到过不少家长每月从牙缝里挤出钱给孩子交补习费，可孩子依然喝着牛奶、玩着手机，对学习却从来都是漫不经心。

《安徒生童话》是一本经典著作，《卖火柴的小女孩》中小女孩缺吃少穿的生活与现在孩子富足的生活形成鲜明的对比，恰好可以让孩子们感受一下生

活的不易。

【活动对象】

一至二年级学生。

【活动目的】

（1）培养阅读兴趣。

（2）了解生活的艰辛。

（3）引导孩子：读书的目的不只是让自己有好的生活，还可以帮助那些需要帮助的人。

【活动准备】

（1）阅读故事，熟悉故事内容。

（2）网上搜索图片，图片内容：深夜扫地的清洁工、工地上的民工、偏远山区的孩子、起早贪黑的打工者……

（3）策划故事流程，制作流程PPT。

（4）一盒火柴。

【活动过程】

（一）故事导入

（1）自我介绍：大家好，我是×××妈妈，很高兴今天来到这里和大家分享一个小故事。

（2）提问：小朋友们，我们一起来说说过年大家都做些什么呀？有什么吃的？有什么玩的？有什么新衣服？收到了什么礼物？

（3）展示《卖火柴的小女孩》封面，引导孩子观察。根据封面，猜测故事发生的时间，想象故事内容。

（4）划亮一根火柴，让孩子们感受一下一根火柴能燃烧的时间和发出的热量。

（5）导入故事：今天，我们来看看不一样的年夜。这个年夜与这根小小的火柴有关。

（二）故事讲述

（1）讲述过程应注意故事的完整性。

（2）故事讲完后，挑选绘本中的部分图片与孩子们的生活图片进行对比，感受今天的幸福生活。再播放深夜扫地的清洁工、工地上的民工、偏远山区的孩子、起早贪黑的打工者……的图片，让孩子们感受幸福的生活来之不易，是有人在为我们负重前行。

（三）故事讨论

（1）我们的爸爸妈妈也是非常辛苦的，你们有发现吗？谁愿意来分享一下呢？（根据孩子的分享，老师总结：爸爸妈妈这么辛苦，都是为了让我们衣食无忧，更好地生活，能做自己喜欢做的事情，不必经历卖火柴的小女孩这样的苦难）

（2）今天，我们能安安稳稳地坐在教室里学习，是不是一件很幸福的事情呢？我想采访一下，大家觉得我们学习有什么用呢？（根据孩子的分享，老师总结：我们学习知识，为将来的工作做准备，为做一个对社会有用的人做准备。最重要的是，当我们有能力时，我们能帮助更多的人，让世界再也没有"卖火柴的小女孩"）

（四）互动设计

角色扮演，邀请女孩子扮演卖火柴的小女孩，在课桌间售卖火柴，当她向某位同学售卖火柴时，这位同学要以自己的方式帮助小女孩，看看谁的帮助方案最有效。

（孩子们的帮助方案有：全部买下，并给超过价格的金钱；直接邀请小女孩到自己家里；央求父母帮助小女孩；带小女孩到救济站；送小女孩衣服、好吃的）

【活动反思】

活动中，孩子们回忆过年场景时的开心和听故事时的悲伤都表露无遗。甚至在结局的时候，一直追问，小女孩到底怎样了，这是残酷的结局，这样的小女孩似乎不真实，似乎离我们的生活很远，因为我们的孩子生活在安稳幸福的环境里，但是这并不影响孩子们去感受，他们表现出的同情是真实的。经典的故事之所以经典，就是因为能引起共鸣。

珍惜亲情

绘本故事《隧道》活动设计方案

池冬玲

【活动主题】

珍惜亲情

【活动绘本】

（1）绘本名称：《隧道》。

（2）出版信息：［英］安东尼·布朗/文·图，崔维燕/译，二十一世纪出版社。

（3）作者简介：英国作家安东尼·布朗，"超现实主义"画家，他的超现实主义作品有四大特征：细腻、幽默、隐秘、创意。他曾获得国际安徒生奖插画奖、凯特·格林纳威奖、科特·马希拉奖、德国绘本奖、荷兰银画笔奖等大奖。

（4）内容简介：性格迥异、爱好不同的哥哥和妹妹总是不停地争吵。一天，妈妈要他们一起出门，努力学着和平相处。两个人不情愿地来到一个堆废品的地方，在那里，他们发现了一个神秘的洞。哥哥胆大，钻进去探险，妹妹不敢，幻想着隧道里面藏着怪兽、巨人、巫婆……

【设计理念】

这本书是姐弟两人在某平台上看到推荐后要求我购买的，买回来细读后，我发现这本《隧道》充满了"魔力"，它的奇趣无处不在，它不单单是一场探险游戏、一种心的沟通，更是一次别样的成长经历。喜欢发掘秘密，是人之常情，但像作者安东尼·布朗这样非常擅长制造秘密的人着实罕见。他的这本《隧道》，秘密简直铺天盖地，你读后定会大呼：过瘾！所以我设计了这次故事活动，把这本书推荐给大家，一同开启一段奇幻的隧道之旅。

【活动对象】

6～10岁学生（仅供参考，并非绝对）。

【活动目的】

（1）解读绘本，结合画面细节，大胆想象与表达。

（2）理解内容，体验角色的心理变化过程。

（3）激发孩子的阅读兴趣，培养孩子仔细观察的习惯。

（4）通过阅读引导孩子体会兄妹深厚的亲情。

【活动准备】

（1）阅读熟悉故事，细细体味书中情感。

（2）策划故事流程，制作流程PPT。

【活动过程】

（一）故事导入

（1）自我介绍：大家好，我是×××妈妈，今天很高兴和大家来分享故事。

（2）提问：小朋友们，你们有兄弟姐妹吗？你们的关系怎么样呢？

（这里可以请2～3位小朋友来分享，大家可以根据发言时间自行调整）

听完小朋友们的分享，故事妈妈顺势引入故事：今天我带大家认识一对性格完全不同的兄妹，他们在一起总是争吵，在一次争吵中被妈妈"赶"出了家

门，他们不情愿地来到了一个堆废品的地方，在那里，他们发现了一个神秘的隧道……如果是你，你有勇气进入隧道的世界去探险吗？下面就让我们一起去感受安东尼·布朗为我们带来的奇幻隧道之旅吧！

（二）故事讲述

你知道隧道吗？你认为的隧道是怎样的？以"隧道"的定义引入绘本。

隧道就是在山中或地下凿成的通道，而绘本讲述了一个关于隧道的什么故事呢？进入看绘本环节。

今天，我想请同学们一起玩个"找秘密"的游戏，看看谁能发掘最多的秘密。

（1）首先我们一起来看扉页，扉页上是两张背景图片，一张是花卉的图案，一张是砖墙的图案，它们都有什么寓意？我们仔细往下看。第一幅图你发现了什么？（可邀请孩子回答）

又出现了扉页那两张图片，在这里是人物的背景。妹妹的是花卉，哥哥的是砖墙，这里表现出兄妹不同的性格特点。第二个画面就介绍了兄妹的性格，一静一动。这也告诉了我们，每个人都是独一无二的，即使是同一对父母所生。

（2）故事的主角兄妹两个人，从表面上看，妹妹喜欢在家里安静看书，哥哥喜欢跑出去踢球。然而仔细观察你会发现什么？引导同学们认真地观察图画（可邀请孩子回答）。

秘密一：环境一直在暗示剧情；

秘密二：用动作叙述事件；

秘密三：亦真亦幻的场景布置；

秘密四：首尾呼应的精巧设计。

（三）故事讨论

故事讲的是兄妹之间的亲情故事，为什么要以"隧道"为绘本名字？

答案示例：两个人的关系是因为这条隧道而缓和的。进隧道前两个人水火不容，进隧道后两个人关系变好。

人与人在交往过程中，产生矛盾以后最好的解决方式是什么呢？

答案示例：是好好沟通。

（四）绘本推荐

安东尼·布朗的作品很多，已在国内出版并颇受读者欢迎的《大猩猩》《我爸爸》《我妈妈》《我喜欢书》等都是他的代表作品。如果你想关注比较深刻的人际交流问题，可以看看《朱家故事》《公园里的声音》《胆小鬼威利》；如果你想轻松搞笑一下，《威利的画》《梦想家威利》一定会让你爱不释手。

（五）结束语

这本绘本特别适合二孩家庭的孩子阅读。这个故事告诉我们，兄弟姐妹是天生的亲人，无法选择，也无可替代。不同个性的人，生活在同一个屋檐下，会遇到各种各样的问题。但关键时刻，他们永远是我们心里最在乎的人。最后一个小任务，请你试着拥抱一下自己的兄弟姐妹（或是小伙伴），让他们感受到拥抱带来的甜蜜和温暖。

【活动反思】

《隧道》通过亦真亦幻的故事，教给孩子们一个人生的道理——珍惜亲情。作品将隧道比作兄妹之间的心灵通道，形象地揭示了人与人沟通的奥妙。当你面对问题时，就像站在黑洞洞的隧道口，猜测、焦虑、惶惑不安。但是，只要你鼓起勇气，战胜恐惧，穿越"隧道"就会发现，很多隔阂是可以通过沟通消除的。"隧道"让孩子们懂得了沟通的重要，在今后的成长中，面对任何事情，不要犹豫、积极面对，就会享受到穿越"隧道"后的美妙情感。

爷爷的爱与智慧

绘本故事《爷爷一定有办法》活动设计方案

李东泽妈妈

【活动主题】

巧手妙计"绘"生活

【活动绘本】

（1）绘本名称：《爷爷一定有办法》。

（2）出版信息：［加］菲比·吉尔曼/文·图，宋珮/译，明天出版社。

（3）内容简介：这个故事源于一个古老的犹太民间传说，作者用重复而富有节奏的文字讲述了一个充满智慧又慈祥的老爷爷，他用巧思把孙子约瑟心爱的破毯子变成外套、背心、领带、手帕、纽扣的故事。一块普通的布料不断地变化，将一份长者的亲情呈现在读者面前。

有趣的是，画面下方的老鼠一家，每当爷爷掉了碎布料，老鼠一家也用这些碎布料做被子、外套、校服、头巾、窗帘……小老鼠们跟约瑟一样在成长。

【设计理念】

现代社会，物质丰富，对于大城市的孩子来说，很少见过打补丁的衣物，更加想象不到一件物品会被反复使用。这本绘本故事的语言很简洁，意蕴却很丰富。于是，我设计了这次故事活动，让孩子通过阅读图画，感受隐藏在图片背后的内涵，在情节发展的关键处停顿，让孩子们猜测一下故事接下来会怎样发展，阅读的同时培养孩子的观察力、想象力。

【活动对象】

二年级学生。

【活动目的】

（1）让孩子们感受到阅读的乐趣，激发孩子们的阅读兴趣。

（2）培养孩子们的观察力、想象力和语言表达能力。

（3）通过欣赏故事，体会爷爷在缝制毯子、外套、背心、领带、手帕、纽扣时"化腐朽为神奇"的大智慧，感受爷爷和约瑟之间浓浓的亲情。

【活动准备】

（1）自制故事PPT。

（2）手工剪纸（外套、背心、领带）。

【活动过程】

（一）故事导入

（1）出示绘本封面，认真观察，用提问的方式进入故事主题。

（2）封面上一位慈祥的白胡子老爷爷手里搀着一个可爱的小男孩，这个小男孩就是他的小孙子约瑟，他们手拉着手，在乡间的小路上走着。猜猜看，这个故事会讲些什么？聪明的爷爷在故事中做了什么呢？

（3）出示环衬页（带星星的蓝色图案），观察上面有些什么。

（二）故事解读

毯子 〉 外套 〉 背心 〉 领带 〉 纽扣 〉 纽扣丢失

1. 奇妙的毯子

（1）情景：当约瑟还是娃娃的时候，爷爷为他缝制了一条奇妙的毯子。

（2）过渡：约瑟渐渐长大了，奇妙的毯子也变得老旧了。

（3）提问：如果你是约瑟，你会怎么做？约瑟愿意扔掉毯子吗？

2. 毯子变外套

（1）过渡：约瑟拿着毯子跑到爷爷家，爷爷一看，拿起了毯子，翻过来，又翻过去。爷爷拿起剪刀开始咯吱咯吱地剪，再用针飞快地缝进、缝出。爷爷说："这块料子还够做……"

（2）提问：猜猜这块料子还够做什么？（出示"外套"的剪纸）

3. 外套变背心

（1）过渡：约瑟渐渐长大了，奇妙的外套缩水变小了。

（2）提问：他的小伙伴也觉得外套太小了，可是约瑟愿意丢掉旧外套吗？约瑟会说什么话？（齐读："爷爷一定有办法！"）猜猜爷爷这次把外套变成了什么？（出示"背心"的剪纸）

4. 背心变领带

（1）过渡：老师、同学们都很羡慕约瑟，因为有爷爷为他做这么奇妙的背心。不过，约瑟渐渐长大，奇妙的背心也变得老旧了。

（2）提问：制作衣服的材料越来越少，继续猜猜爷爷这次又准备做什么？（出示"领带"的剪纸）

5. 领带变手帕、变纽扣

时间一天天流逝，约瑟也在一天天长大，爷爷还会给他创作什么神奇物品呢？让我们看着精美的画面来静静地感受吧！

6. 纽扣丢失

故事发展到这里，我们来猜猜看，这颗纽扣的命运后来怎样了？

纽扣不见了，约瑟的心情怎样呢？

（三）故事结尾：出人意料

第二天，约瑟去上学，回想起了爷爷、布料和自己之间的事情，约瑟拿起笔来，在纸上唰唰唰地写着。他说："这些材料还够……"这些材料还够写成一个奇妙的故事。

提问：想一想，约瑟写的这个故事题目叫什么呢？（爷爷一定有办法）

你们喜欢这样的爷爷吗？（讨论）

（四）小结

这个故事的开头连着它的结尾，结尾连着它的开头，整个故事开头和结尾连起来就像一个完美的圆。是不是很奇妙啊！

爷爷把一块普普通通的布料做成毯子、外套、背心、领带、手帕、纽扣，真是奇妙！爷爷亲手缝制的一件件衣物记录着约瑟成长的岁月，陪伴着他童年的美好时光。约瑟越长越大，神奇的布料越变越少，但始终不变的是爷爷对约瑟的爱。

（五）活动延伸，故事创编

（1）纽扣真的消失了吗？它掉到哪里去了？（猜猜看，讨论）

（2）看绘本最后一幅图画，在右下角，老鼠一家在干什么？（发现纽扣）

（3）观察小老鼠的头巾、小背心、背带裤，你还发现了什么？它们怎么会有这些蓝色的布料？

其实，故事书每一页的下面都有一长条，画着老鼠一家的生活。一本书，两个世界，两个故事。这就是这本书更奇妙的地方。引导学生想象，创编故事，神奇的蓝色布料会使小老鼠一家发生怎样有趣的故事呢？回到家可以自己编一编，明天讲给同学听一听。

（六）好书推荐

《猜猜我有多爱你》《逃家小兔》《青蛙与男孩》。

【活动反思】

孩子们的反响很热烈，通过问题引导和画面解析，能够理解爷孙之间的深厚感情与爷爷的巧手妙计。我在想，在城市生活的孩子真的很需要这样的故事，一方面是因为他们已经不懂得如何"节俭"，父母也缺乏这方面的引导；另一方面是因为很多家庭并不是和老人一起生活的，这个故事也能让孩子感受到来自爷爷奶奶的爱。

关心和爱心

绘本故事《妈妈心·妈妈树》活动设计方案

林洁珠

【活动主题】

母爱，携爱前行

【活动绘本】

（1）绘本名称：《妈妈心·妈妈树》。

（2）出版信息：方素珍/著，仉桂芳/绘，河北教育出版社。

（3）内容简介：小苹果不想去幼儿园，因为她不肯离开妈妈温暖的怀抱，她害怕陌生的环境。妈妈用小手绢做了一颗"妈妈心"陪着小苹果去上学，就像妈妈陪在身边一样。但是，没有妈妈的阿志，常常抢同学的"妈妈心"，让老师伤透了脑筋。老师给阿志的爸爸打电话，请他为孩子做一颗"爸爸心"，老师从小也没有爸爸妈妈，是奶奶抚养长大的，第二天老师也带来了一颗"奶奶心"。无论是妈妈心、爸爸心还是奶奶心，代表的都是关心和爱心！

【设计理念】

作为双胞胎女儿的妈妈，我一直在努力学习如何做一个好妈妈，第一次读方素珍老师的这本绘本，我就被深深感动了。身为父母，为了一直有机会站在孩子的身后，我们得努力地活着，在他们需要的时候随时准备好"妈妈心"，用无数颗"妈妈心"点缀"妈妈树"，让孩子带着妈妈的爱，勇敢地前行在人生道路上。而作为孩子最亲的人，我们要陪伴孩子接纳自己的脆弱和恼怒，学会放下，然后携爱前行。

【活动对象】

一年级新生。

【活动目的】

（1）通过阅读绘本，让孩子适应离开父母去上学的那种分离焦虑的心情。

（2）让孩子感受身边人的爱，学会和别人分享自己的爱，培养孩子拥有一颗善良、关怀的心。

【活动准备】

提前准备好PPT熟悉绘本内容，翻页笔，彩色折纸，提前下载好歌曲《爱的奉献》，招募几位旁听的义工家长。

【活动过程】

（一）故事导入

（1）自我介绍：小朋友们，大家好，我是×××妈妈，很高兴今天在这里与大家分享故事。

（2）介绍绘本的书名、作者和出版社。

（二）讲述绘本故事

（1）讲述故事，穿插与同学们的互动提问。

问：小朋友们还记不记得自己第一天上幼儿园是什么样的情况呢？

答1：不愿意起床！

答2：哭，害怕离开妈妈。

答3：爸爸妈妈不在身边，我怕有坏人！

是的，离开熟悉的环境和爸爸妈妈，要去上幼儿园，相信很多同学跟这几位同学的回答一样，会哭闹，害怕，有赖床等各种各样的担心和焦虑。今天我要讲的绘本故事里面有一位小朋友，她的名字叫小苹果，她也是第一天去上幼儿园。那么她在幼儿园会发生什么样的故事呢？接下来让我们一起来看看吧！

故事妈妈：（翻到第一页）好，现在让我们一起来看看，看到了什么？

学生：小女孩。

故事妈妈：小女孩有个好听的名字叫小苹果，再看看，小苹果在哪里啊？

学生：妈妈的腿上。

故事妈妈：哦，原来小苹果趴在妈妈的腿上，那小苹果看起来怎么样？

学生：舒服，开心。

故事妈妈：妈妈呢？

学生：妈妈坐在一棵大树上。

故事妈妈：妈妈的衣服上还有一个什么？

学生：爱心。

故事妈妈：所以这本书的名字叫——

学生：（齐答）《妈妈心·妈妈树》。

故事妈妈：小苹果缠着妈妈，不想上学。妈妈在她的脸上亲了又亲，并且在她的手心上"点"了三下，代表"我爱你"三个字。小苹果紧紧地握住那三个字，含着眼泪向妈妈说再见……第二天，小苹果又不想上学，她哭着说："那三个字，我又看不到，我还是会想妈妈，我要妈妈陪我上学……"小苹果为什么要哭？同学们有没有过跟小苹果一样不想上学的时候？你的妈妈是怎样做的呢？

学生：她不想离开妈妈。我刚开始上小学的时候也是每天不想去上学，我的妈妈会很耐心地教导我，她说学校里有许许多多的同学，有和蔼可亲的老师，会有更多的人喜欢我，还能学到许许多多的知识。

故事妈妈： 妈妈最后想了什么办法？

学生： 做一颗妈妈心带到学校。

故事妈妈： 那这颗妈妈心被带到幼儿园以后会发生什么事呢？大家来猜猜看。

学生： 同学们肯定都很喜欢这颗妈妈心，也想要一样的。

故事妈妈： 小苹果踮着脚尖，用一根长长的棍子，把"妈妈心"挂在教室旁边的大树上。她看了又看，嗯……真的很像妈妈坐在树上陪她呢！小朋友都挤在窗口，看着小苹果的"妈妈心"。老师说："你们也可以请妈妈做一颗妈妈心，带来挂在树上呀！"阿志小声地对豆豆说："好肉麻！我才不要。"大家都要做一颗妈妈心带来学校挂在树上。是不是所有小朋友都这么说的呢？

学生： 不是。

故事妈妈： 只有一个小朋友说了不一样的话，他的名字叫阿志。你们还记得阿志说了什么话吗？他为什么要这么说呢？

学生： 阿志说好肉麻！他才不要。他可能觉得这样做不酷吧。

故事妈妈： 大家有没有把妈妈心带来学校呢？我们接着往下看——第二天早上，小苹果一到学校，看见大树上挂着好多颗心。也就是说，好多"妈妈"来陪小朋友上课，树上好热闹啊！

故事妈妈： 那阿志有没有带"妈妈心"来呢？这一天放学后，小苹果到大树下，把她的"妈妈心"拿下来，旁边的阿志忽然伸手就抢："喂！你的'妈妈心'借我。"阿志说完就跑了，小苹果急得哇哇大哭……妈妈在家里一直等不到小苹果，只好跑到学校来找她。小苹果一面走，一面哭着说："讨厌的阿志，他抢我的'妈妈心'……"妈妈搂着她说："阿志没有妈妈，你不要怪他。明天你告诉老师，请阿志把'妈妈心'还你就好了。"同学们，阿志为什么要抢小苹果的"妈妈心"呢？

学生： 阿志的妈妈可能去世了。

故事妈妈： 接下来发生了什么事？看书第13页，阿志在干什么？原来他还在继续抢别人的妈妈心，如果你是老师你会怎么做？这样做有没有用呢？我们请一位小朋友帮我们读一读这一页。

学生：（读）第二天，阿志乖乖地把小苹果的"妈妈心"交出来了，但是，每天都有小朋友哭着说："老师，阿志抢我的'妈妈心'……"每一次，老师都要很温柔地说："阿志，乖，把'妈妈心'交出来。"可是，有一次，阿志大声地对老师说："我讨厌你！我讨厌'妈妈心'！"阿志哭着跑出教室，老师呆住了！她的眼睛红红的……

故事妈妈：老师为什么会呆住了呢？

学生：老师她也没有爸爸妈妈，她只有奶奶。

故事妈妈：老师这有一个电话，你猜猜老师会打电话给谁？

学生：打电话给阿志爸爸。

故事妈妈：打给阿志爸爸干什么呢？

学生：让爸爸帮阿志做一颗妈妈心。

故事妈妈：小朋友真聪明，现在阿志得到"妈妈心"的心情是怎么样的？

学生：开心，得意。

（2）总结："妈妈心"代表了关心和爱心，一直在我们身边爱我们的那个人，不论他是谁，他的关心和爱心就是"妈妈心"。

（3）生活中的爱举例如下。

故事妈妈：如果阿志抢了你的妈妈心，你会怎么做？怎么帮助他？

学生：我会安慰他，把我的妈妈心送给他。

故事妈妈：阿志通过"妈妈心"获得了爱，在我们的生活中也有很多事物能让我们获得爱，我这里也有好多爱的表现，让我们一起来看看吧！（播放课件，请同学们大胆地表述）

① 借伞给没带伞的同学——帮助他人给自己和别人带来"爱"。

② 打电话问候爷爷奶奶——关心家人给最爱的人带来"爱"。

（三）延伸活动

在歌曲《爱的奉献》中折叠心形卡片，让义工故事妈妈协助，给每位学生发一张彩色小卡片，让学生把想对身边最亲的人说的话写在卡片上，播放折爱心步骤PPT，让学生把卡片折成心形送给最爱的那个人。让学生懂得去表达，分享自己的爱。

（四）故事启发

这是一个非常温暖、充满智慧和温情的绘本故事，通过讲述绘本故事，缓解孩子面对分离的焦虑心情，不仅让孩子懂得了爱，同时也给了我们启发，让我们懂得如何去了解孩子的内心，读懂孩子的心，从而懂得如何去施爱。

（五）好书推荐

《爱心树》《猜猜我有多爱你》《逃家小兔》《爷爷一定有办法》都适合学生学习阅读。

【活动反思】

这本绘本我在不同的班级讲过很多遍，每讲一次都有不一样的感受和收获。作为故事妈妈，不但要讲好故事，还需要有强大的控场能力。记得有一次在一年级讲的时候，因为是新生，很多孩子还是坐不住，静不下心来听故事，于是，我就在讲故事之前跟孩子们"约法三章"，不喜欢听故事的小朋友可以做自己喜欢的事情，比如写字、画画，甚至可以趴着睡觉，但前提条件是不影响他人。绘本讲到阿志偷同学们的"妈妈心"的时候，全班的学生都认真地听着，有几位孩子眼眶都红了。坐在教室后面旁听的几位故事妈妈也流下了眼泪，而我自己也几度哽咽得停顿下来。

关于绘本里面的"妈妈心""老师心""爸爸心"和"奶奶心"因为涉及个人隐私，不能在课堂跟孩子们——分析，只能用最后那一段话来带过，有点遗憾。

第四节 收获智慧与勇气

创 意

绘本故事《建筑师小弗兰克》活动设计方案

李莉萍

【活动主题】

我的未来不是梦

【活动绘本】

（1）绘本名称：《建筑师小弗兰克》。

（2）出版信息：［美］弗兰克·维瓦/著·绘，佟画/译，辽宁少年儿童出版社。

（3）内容简介：小弗兰克和他的爷爷老弗兰克住在一起。小弗兰克想要做一名设计师，有很多新奇的想法，他的爷爷总是告诉他不行。有一天，爷孙两个人去了美国现代博物馆，发现很多知名的设计都是源于一个奇思妙想，这肯定了小弗兰克的创作，也让他的爷爷参与到了他的设计中，两个人都怀着一个美好的设计师的梦想入睡了。书后介绍了四个都叫弗兰克的先锋设计师。

【设计理念】

我在书中提炼出了以下几个点，大家可以自由选择展开。

（1）在你的梦想或者目标被质疑的时候，你是坚持还是放弃？——孩子的梦想在大人眼里也许不值一提，也许听起来有点好笑，但是作为家长，不要一味地质疑孩子或给予孩子负面的回应，要正向引导并鼓励孩子。

（2）在专业面前，老弗兰克还是小弗兰克的资深前辈。——不要因为你是新手就不敢发声。

（3）老弗兰克说建筑师不应该做椅子，大厦应该是垂直的。——要打破固化思维。

（4）书中老弗兰克带小弗兰克去博物馆。——不能在家闭门造车，要走出去。

（5）老弗兰克回来后认识到自己的错误，向小弗兰克道歉，而且得到了原谅。——尊重孩子，把孩子放在一个平等的位置。有时，孩子其实比大人更具包容心。

（6）老弗兰克走近小弗兰克和他一起创作。——陪伴共同成长。

【活动对象】

四至六年级20对亲子家庭。

【活动目的】

（1）通过活动让孩子初步了解建筑师的职业，学会观察图画书中的细节。鼓励孩子畅想未来，坚持梦想，热爱生活，勇敢地表达。

（2）在延伸活动"我是小小弗兰克"中，发挥创意与团队合作精神。互相尊重、互相包容。

【活动准备】

（1）走读推荐：提前做好活动的相关资料查询。

（2）延伸活动：大量报纸、透明胶纸。

【活动过程】

（一）故事导入

每个人都会长大，长大了都要工作。我小时候就想：等我长大了要当一名公交车的售票员，因为售票员卖票可以收很多钱，而且还有位置坐（这里教师可以讲自己小时候想做的是什么）。

让我们根据自身的兴趣、爱好、特长为自己做一个职业大畅想吧！（尽可

能多地请孩子们说一说）

（二）故事讲述

故事讲述的整体节奏需要放慢，留出时间让孩子观察图画，引导孩子思考，肯定孩子表达。开头可以遮住书名，出示绘本封面人物，从人物、背景、物品等方面引导孩子，猜猜书中人物的职业是什么，问问孩子平时都是和谁生活在一起。故事中间让孩子找找书中小弗兰克和老弗兰克有何相同点与不同点。想想老弗兰克对待小弗兰克的态度在故事前后有何不同？是什么让他发生了这种变化？最后说说在现实生活中都见过哪些奇特的大楼？

（三）问题讨论

（1）你同意老弗兰克的说法吗？如果你是小弗兰克，听到老弗兰克对你这样的回应，你是什么感觉，又会怎么做呢？

（2）为什么博物馆中的这些建筑师都叫弗兰克呢？你觉得这仅仅是一种巧合，还是有着某种隐喻呢？

（3）看看图片上的城市分别是用什么做的？

（4）你觉得小弗兰克会成为一名真正的建筑师吗？为什么？

（5）如果老弗兰克没有带小弗兰克去博物馆，故事的结局会变得不一样吗？

（四）走读推荐

（1）蓬皮杜艺术中心建筑物最大的特色，就是外露的钢骨结构以及复杂的管线。建筑兴建后，引起极端的争议，由于一反巴黎的传统风格建筑，许多巴黎市民无法接受，但也有文艺人士大力支持。有人戏称它是"市中心的炼油厂"。这种建筑风格被称为"高技派"（High-tech）。这些外露复杂的管线，其颜色是有规则的。空调管路是蓝色、水管是绿色、电力管路是黄色，而自动扶梯是红色。

（2）泰特美术馆位于英国伦敦。伦敦不可不去的地方，泰特美术馆算作一处。它这样值得一看，有两个原因：第一，它丰富的藏品和独特的展放方式；第二，它的建筑特色。

（3）雅昌艺术馆，即"福田区艺术馆"，总用地面积4959.3平方米，展厅面积3000平方米。在这里，人们可以看到当代艺术家精品展、国内知名拍卖公司拍品预展、雅昌集团艺术收藏精品展，并能通过艺术精品与高仿真艺术复制品的对比展，尽情领略"传统印刷业+艺术+现代IT技术"的醇美境界。雅昌艺术馆为艺术家、艺术机构、艺术爱好者、艺术品收藏者与投资者构筑起了一个开放的交流平台。

（地址：深圳市福田区彩田北路与梅东二路交会处）

（4）深圳市工业展览馆。工业展览馆是深圳市工业政策宣传的窗口，也是工业项目洽谈和工业产品展览的重要场所，还是面向深圳广大干部、市民和在校学生的爱国主义教育基地。展馆面积1.3万平方米，主要分为新产品、新技术、新项目推介区，多功能会议厅，战略新兴产业以及深圳工业综合投资环境展区，电子信息主题展区，先进装备制造业主题展区，节能环保主题展区，优势传统产业展区，深圳工业创业主题展区共七个展厅。

（地址：深圳市福田区福中三路市民中心B区黄塔）

（五）延伸活动

（1）游戏名称：我是小小弗兰克。

（2）游戏规则：亲子家庭合作在指定的时间内用报纸搭起最高建筑，不倒下即胜出。

（3）注意事项：活动前准备好所需材料，告之活动规则，在互相尊重、包容、团结合作的氛围中完成这项活动。活动结束后可以让家庭分享经验和想法。注意整体时间和进程的调节与把控。

（六）好书推荐

（1）纽约现代艺术博物馆小小艺术家系列：《马格里特的苹果》《电影制

作人小夏洛特》。

（2）弗兰克·维瓦作品：《沿着长长的路》《和老鼠一起去世界底部旅行》《好长好长的旅行》。

【活动反思】

在进行这次活动的时候，我发现，其实孩子们对于职业、建筑类主题还是很感兴趣的，但是接触得很少。有的家长觉得，孩子还小，需要进行职业方向的引导吗？通过这本绘本，我们觉得需要，也许我们恰好就是那个给孩子打开一扇窗的人。

掌握写字的重要性

绘本故事《不学写字有坏处》活动设计方案

林绍容

【活动主题】

一起学，一起写，一起成长

【活动绘本】

（1）绘本名称：《不学写字有坏处》。

（2）出版信息：方素珍/著，江书婷/绘，飞思少儿科普出版中心。

（3）作者简介：方素珍，我国台湾地区资深儿童文学作家，代表作有《募捐时间》《我有友情要出租》《花婆婆》等。

（4）内容简介：故事主人公小珍珠觉得写字很累，发呆的过程引发了童话般的故事：从切叶蚁先生的三个洞的意思是"对不起"，而毛毛虫小姐误解后回复四个洞的意思是"你才是猪"，小珍珠明白了因为不认识字才会产生误会，最终懂得了写字的重要性，乖乖地回去写字了。

【设计理念】

在一至三年级阶段，家校都在积极培养孩子良好的写字习惯，因此我经常听到孩子们嚷嚷：好累啊，为什么要写字？我一直在寻找一本可以让孩子懂得如果不会利用文字表达会带来什么样的后果的绘本，而《不学写字有坏处》就完全满足需求。《不学写字有坏处》用最简洁的故事情节，让孩子们懂得会写字的重要性，同时也提醒家长要注意合理的教导方式。因为故事情节简洁，主要表述的是学写字的重要性，所以我还会再通过"传词达意""情报员"两个游戏设计延伸，引导孩子们不仅要学写字，而且要写好字，更要懂得字义表达的重要性。

【活动对象】

一、二年级学生。

【活动目的】

（1）小动物们不会写字，它们都闹出了什么笑话？不会写字真的很麻烦。

（2）通过"传词达意"游戏切入绘本故事，感受故事情节中小珍珠对于学写字的态度转变。

（3）通过"情报员"游戏，让孩子们理解文字的重要性。

【活动准备】

（1）绘本PPT。

（2）两个游戏所需材料。

（3）三张彩纸、三支笔、三把安全剪刀。

【活动过程】

（一）情境引入

（1）和孩子们聊聊关于写字那些枯燥的事。

（2）介绍故事作者和主要人物小珍珠。

（二）故事讲述

（1）《募捐时间》的小主人公也是小珍珠。小珍珠和大家一样是个小学生，她也和大家一样学习写这些大家认为挺枯燥的字。

（2）用PPT演示故事情况，引导孩子们认真观察图画，让孩子们根据故事情节猜测树叶洞洞表示的意思，用自己的语言讲述出来。

（三）互动设计

1. 游戏：传词达意

（1）利用道具进行"传词达意"游戏，让孩子们从中体验写字的重要性。

① 游戏分为三组，每组2人；

② 每组的孩子一张彩纸、一支笔、一把安全剪刀，可以通过图画、剪切的方式（不允许出现文字），把要传达词语的意思准确表达出来。

（2）活动延伸：可以邀请不同方言的孩子通过语言表达同一个意思，让孩子们理解没有统一的文字，哪怕是语言也会出现词不达意的情况。

2. 游戏：情报员

虚拟抗日战争情报员传递情报故事的情节，让孩子们从中体会文字准确表达的重要性。

（1）游戏分两组，每组设情报员4人。

（2）第一人要把情报内容写完整，第二人、第三人缩写句子内容，第四人能准确说出情报内容。

（3）先完成的小组为胜。

【活动反思】

《不学写字有坏处》绘本故事情节简洁，但是生动有趣，情节设计轻松，能让孩子一下子就记住学写字的道理：如果不学写字、不会写字，就没有办法准确传达自己的意思。而故事中延伸的写字游戏、情报员游戏，再次引导孩子们去注意写字的姿势，懂得要准确表达字的意思。

打破束缚，展现个性

绘本故事《小蜡笔大罢工》活动设计方案

李东泽妈妈

【活动主题】

打破束缚，展现个性

【活动绘本】

（1）绘本名称：《小蜡笔大罢工》。

（2）出版信息：〔美〕德鲁·戴沃特/著，〔英〕奥利弗·杰夫斯/绘，戴美玲/译，接力出版社。

（3）作者简介：德鲁·戴沃特既是儿童书的作者，同时还是恐怖片的编剧和导演。

奥利弗·杰弗斯，他为孩子和成人创作了很多艺术作品。《怎样摘星星》《迷路的小企鹅》《大树上的难题》《这只驼鹿是我的》都广受赞誉，还获得了爱尔兰年度儿童图书奖。

（4）内容简介：小男孩邓肯有一天想画画，打开蜡笔盒时却发现了一沓蜡笔们写给他的信，它们罢工了！爱整洁的紫色蜡笔抱怨自己总被画在轮廓线的外面，筋疲力尽的灰色蜡笔抱怨自己总要涂大象、涂鲸鱼、涂犀牛这些"大家伙"，爱较劲的黄色蜡笔和橙色蜡笔为了证明谁才是太阳的颜色，争得不可开交……邓肯会怎样面对这群罢工的蜡笔呢？

【设计理念】

这些蜡笔的世界其实就是我们生活的小小世界，每个人都有情绪，每个人都有期待；每个人都渴望被认可，每个人都不希望被埋没。这个世界需要规则，这个世界又不能止于规则。阅读时，可以选择从以下角度开展引导。

（1）教会孩子正确认识自己的情绪。不满意很正常，请有理有据地说出来，还要记得告诉对方自己想要的是什么。有效的交流沟通就是这样形成的，这是解决一切问题的最佳办法。

（2）人与人之间的交流沟通是相互的。要像每一支小蜡笔那样，懂得表达自己；也要像小主人公邓肯那样，学会聆听他人。

（3）鼓励孩子培养个性。不要像裸色蜡笔一样总是棕色的替补，也不要像白色蜡笔一样总是没有存在感。

（4）支持孩子勇于突破。黑色不是只能画轮廓，粉色也不只是女孩的专属色彩。

（5）帮助孩子理解创新不代表随心所欲，有些规则我们都要遵守。就像紫色蜡笔所想要的那样，整洁永远优于脏乱；也像桃子色蜡笔的满心委屈，不穿衣服就不能出来示人。

（6）小主人公邓肯最后画了一幅既超越现实又很和谐的图画，请像他一样，放开自己的成见，大胆地创新，也大胆地接受，接受大千世界的多元化，尊重个体之间的差异，欣赏与众不同的美好。

【活动对象】

3～7岁学生（仅供参考，并非绝对）。

【活动目的】

（1）阅读绘本，结合图文，激发学生阅读兴趣。

（2）理解每种颜色的作用，尝试换一种颜色表达生活中的所见，打破陈规，学会创新。

（3）通过活动延伸，培养学生想象力和创造力，感受多姿生活的美妙。

【活动准备】

（1）自制PPT。

（2）彩色蜡笔。

（3）绘画本。

【活动过程】

（一）故事导入

（1）课前让每个学生准备一盒蜡笔，选一支自己最喜欢的颜色，说一说喜欢的原因（没有固定的答案，各抒己见）。

（2）通过与学生们的互动，以大家平常不喜欢的蜡笔做铺垫，抛出问题，引入故事内容。

相信大家选到的蜡笔都是经常用到的，而其他被嫌弃的蜡笔一般是不常用到的，那你们有没有想过这些蜡笔是怎么想的呢？小朋友们有没有收到过蜡笔给你们写的信呢？今天，我就跟大家一起去听听它们的心声。——出示书名《小蜡笔大罢工》。

（二）故事解读

借助PPT图画，根据每支蜡笔不同的心情，有情感地朗读，并带着学生们进入故事。引导学生们认真地观察图画，理解蜡笔们的感受，并抛出问题跟学生们一起思考讨论。

（三）活动延伸

故事结束后，请学生们拿出蜡笔和画本，尽量用12种颜色的蜡笔完成一幅画，进行展示（可以单独完成，也可以小组完成），并说说对作品的感受。

【活动反思】

《小蜡笔大罢工》是一本简单易懂的绘本，故事以充满想象力的图画和风趣幽默的语言，给孩子们讲述了一个关于尊重、理解和沟通的故事，给大家呈现了一幅多彩的儿童个性画卷，既在教育孩子，也在启迪父母。在进行亲子共读的时候，大人可以引导孩子大胆表达内心世界，为孩子的勇敢发声加油鼓劲。

建筑特性、聪明

绘本故事《三只小猪》活动设计方案

范 翔

【活动主题】

互帮互助

【活动绘本】

（1）绘本名称：《三只小猪》。

（2）出版信息：［英］约瑟夫·雅各布斯/著，李斐然/译，长春出版社。

（3）内容简介：猪妈妈的三个孩子长大了，要各自去盖一座自己的房子了。老大呼呼用稻草盖了一座草房子，老二噜噜用木头盖了一座木头房子，老三嘟嘟用砖头盖了一座砖房。

大灰狼来了，它来到草房子前，轻轻一吹，草房子就倒了，呼呼急忙逃到噜噜家。大灰狼来到木房前，用力撞一下，木房子就倒了，呼呼和噜噜急忙逃到嘟嘟家。大灰狼用尽全身力气，对砖房重重地撞过去，砖房一动也不动。大灰狼不甘心，想从烟囱进到屋里去，三只小猪在炉膛里添了许多柴，烧了一锅开水。大灰狼跌进了热锅，被开水烫伤了。从此，它再也不敢来捣乱了。

【设计理念】

《三只小猪》这个经典故事，让孩子们感受到三只小猪团结友爱、互帮互助的美好情感，也让孩子们有机会了解房屋材料，懂得生活中的房屋不仅要美观大方，而且要结实牢固。

【活动对象】

一至二年级学生。

【活动目的】

（1）欣赏故事，了解故事内容，知道砖房子最结实的道理。

（2）能大胆回答问题，也能大胆想象。

（3）积极参与小猪盖房子的活动，体验帮助他人的快乐。

【活动准备】

（1）阅读故事，熟悉故事内容。

（2）网上搜索各种建筑材料、房屋图片。

（3）策划故事流程，制作流程PPT。

【活动过程】

（一）特色导入

（1）自我介绍：大家好，我是×××妈妈，今天很高兴和大家来分享故事。

（2）提问：你们都见过用什么材料做的房子？生活中还有什么其他材料做成的房子？

孩子们的回答五花八门，有的说砖头的、铁的、泥巴的，甚至有说塑料的。引来大家一阵讨论，讨论塑料到底能不能建房子。

（3）顺着大家的讨论，我们引入故事《三只小猪》。

（二）故事讲述

（1）绘声绘色地讲述故事，讲述过程中巧用对比，引导孩子发现细节，猜测故事发展。

（展示三只小猪盖房子的绘本图片）

比如，小朋友们，你们喜欢哪种材料建的房子呢？为什么呀？

邀请孩子们进行分享。

同学A说，喜欢稻草建的房子，因为这样速度很快，而且稻草很香。

同学B说，喜欢木头搭建的房子，很漂亮。

同学C说，喜欢砖头盖的房子，因为非常牢固。

（2）巧妙发问，制造悬念，引导孩子多动脑筋。（展示大灰狼钻烟囱的绘

本图片）

大灰狼要从烟囱里钻进来了，怎么办呢？除了小猪的好办法以外，你有什么好点子？

孩子们也分享了许多好办法，比如拿长长的杆子，从烟囱底下把它戳出去，或者在烟囱下面设陷阱，像猎人的陷阱那样。

（三）互动设计

（1）角色扮演：大灰狼、呼呼、噜噜、嘟嘟。

故事结束后，可以以角色扮演的方式让孩子们简单还原故事过程。

（2）小小设计师：请孩子们自己设计房屋，讲述自己设计房屋的功能并进行展示。比一比谁的设计最有创意。

【活动反思】

这次阅读活动很成功，孩子们兴趣浓厚，尤其喜欢角色扮演。讲述之初，担心这个故事太过简单，所以加入了对建筑材料的科普，比如现代非常方便快捷的板房材料，孩子们对此非常感兴趣。

这次故事课让我想到，简单的故事也可以讲得很丰满，只要用心去发现可以拓展的点。

创 意

绘本故事《跑跑镇》活动设计方案

刘 晶

【活动主题】

奇妙的"合体"

【活动绘本】

（1）绘本名称：《跑跑镇》。

（2）出版信息：亚东/文，麦克小奎/图，明天出版社。

（3）内容简介：有个小镇名叫跑跑镇。在跑跑镇上，居民们都喜欢快跑，快跑就免不了会撞在一起。可是当镇上的居民在跑跑撞撞以后，出现了奇妙的"合体"现象，想要了解其中的奥妙吗？那赶紧竖起小耳朵，一起来听一听吧！

【设计理念】

跑跑镇上的居民都喜欢快跑，这样的经验和孩子的日常行为习惯不谋而合，满足了他们想跑的需求。通过绘本，孩子们可以看到两个看似不相关的物体，在跑动碰撞以后出现了奇妙的"合体"现象，这对孩子的思维是一个冲击，正好满足他们的奇思妙想。

【活动对象】

一至二年级学生。

【活动目的】

（1）根据事物的特征，敢于大胆想象猜测。

（2）对两个物体的组合产生的变化有兴趣，感受碰撞的神奇。

（3）感知绘本生动、幽默的特点。

【活动准备】

（1）绘本PPT。

（2）游戏音乐《碰一碰》。

（3）音乐播放器。

【活动过程】

（一）故事导入

同学们好，我是××妈妈，今天要和大家分享一个好玩的故事。故事中有一个小镇名字很特别，叫"跑跑镇"，因为镇上的居民都喜欢快乐地奔跑，跑着跑着，奇妙的事情就发生了。

（二）故事讲述及互动

这个故事节奏鲜明，我们绘声绘色讲述的同时，引发悬念，让孩子预测两个小动物撞在一起会产生什么神奇的变化。

（1）小猫和小鹰碰撞在一起，会碰撞出什么？

这是第一次提问，孩子们还没有思路，有的孩子回答会撞出满头包，有的孩子说小猫会抓住小鹰。

接下来，故事妈妈公布答案：小猫和小鹰跑跑跑，碰碰碰，咣！碰出一只猫头鹰。

这个"合体"让孩子们恍然大悟，哦，原来是这样。

有了这个示范性的解答思路，接下来，每一次碰撞，都请孩子们自由想象。

（2）黑熊和白熊碰撞在一起，会碰撞出什么？

黑熊和白熊跑跑跑，碰碰碰，咣！碰出一只熊猫。

（3）仙人球和小鱼碰撞在一起，会碰撞出什么？

仙人球和小鱼跑跑跑，碰碰碰，咣！碰出一只河豚。

（4）公主和海豚碰撞在一起，会碰撞出什么？

公主和海豚跑跑跑，碰碰碰，咣！碰出一只美人鱼。

（5）红宝石和苹果碰撞在一起，会碰撞出什么？

红宝石和苹果跑跑跑，碰碰碰，咣！碰出一个石榴。

（6）馒头和肉丸碰撞在一起，会碰撞出什么？

馒头和肉丸跑跑跑，碰碰碰，咣！碰出一个包子。

（7）荷叶和拐杖碰撞在一起，会碰撞出什么？

荷叶和拐杖跑跑跑，碰碰碰，咣！碰出一把雨伞。

（8）扫帚和老奶奶碰撞在一起，会碰撞出什么？

扫帚和老奶奶跑跑跑，碰碰碰，咣！碰出一个巫婆。

（9）喷火龙和大山碰撞在一起，会碰撞出什么？

喷火龙和大山跑跑跑，碰碰碰，咣！碰出一座火山。

（10）房子和轮子碰撞在一起，会碰撞出什么？

房子和轮子跑跑跑，碰碰碰，咣！碰出一列火车。

（11）卡车和梯子碰撞在一起，会碰撞出什么？

卡车和梯子跑跑跑，碰碰碰，咣！碰出一辆消防车。

（12）黄色和蓝色碰撞在一起，会碰撞出什么？

黄色和蓝色跑跑跑，碰碰碰，咣！碰出一块绿色。

（13）爸爸和妈妈碰撞在一起，会碰撞出什么？

爸爸和妈妈跑跑跑，碰碰碰，咣！碰出一家三口。

延伸问题：碰撞真有趣，让我们开动脑筋想一想，生活中还有哪些有趣的"碰撞"呢？

这里请孩子们开展小讨论，并把讨论结果进行分享。

总结：因为这种有趣的碰撞，人类文明才得以进步。比如，地球是由很多小行星碰撞而成的，小细胞互相碰撞形成生命，字和字碰撞形成新的字，如日和月形成明。我们日常生活中更是充斥相互碰撞的创意，鞋子和轮子碰撞就是溜冰鞋。

（三）延伸活动

1. 音乐游戏《碰一碰》

学唱歌曲《碰一碰》："找一个朋友碰一碰，找一个朋友碰一碰。"（问）"碰哪里？"（答）"××碰××。"

说明：××可以是五官，如眼睛、鼻子、耳朵等，也可以是身体部位，如脖子、肩膀、膝盖等。

2. 辅助动作

"找一个朋友"（动作：双手绕转）"碰一碰"（动作：两手握拳轻碰），"碰哪里"（动作：双手摊手），"××碰××"（动作：听指令与身边好朋友轻碰五官或身体部位）。

【活动反思】

《跑跑镇》是一本有魔力的绘本，整本书充满了创意和趣味。跟着"哒哒哒"的脚步声，本书把两个不相关的东西快跑、碰撞在一起后，变成"新"事物。但是创意也并不是天马行空的想象，而是通过两个不相关的东西快跑、碰撞在一起后，变成"新"事物。孩子可以从两个不同的对象上观察趣味的元素，进而联想出两个角色碰撞后可能产生的新变化。

生活中的"碰撞"无处不在，生物进化抑或人类文明，神话传说抑或科学发现……好像到处都有"碰撞"。"碰撞"的创意提供给孩子一种新的思维方式，能够引起好奇心，启动丰富的联想，它为孩子带来思考的拓展性和开阔性，可能是我们成人难以企及的。

愿这本绘本能把"碰撞"这粒小种子种在孩子们的心田，伴着他们成长、发芽、开花、结果，碰撞出更神奇、美好的事物来。

第二章

故事爸妈

读书会设计方案

熟悉校园，学会和新同学相处

绘本故事《我要上学啦》《从前的从前没有学校》读书会设计方案

谭凤莲

【活动主题】

了解学校生活

【活动绘本】

（1）绘本名称：《我要上学啦》《从前的从前没有学校》。

（2）《我要上学啦》出版信息：［澳］简·古德文/著，［澳］安娜·沃克/绘，柳漾/译，广西师范大学出版社。

（3）《我要上学啦》内容简介：几个小朋友要开始上学了，他们准备物品，和新的老师认识，熟悉校园，学会和新的同学相处。

（4）《从前的从前没有学校》出版信息：〔法〕文森特·马龙/著，〔法〕安德烈·布/绘，广西师范大学出版社。

（5）《从前的从前没有学校》内容简介：这是一本想象天马行空的绘本故事，故事中远古人类没有学校，没有手工课，不会写字，不会说话，只会哇哇哇叫，不会吹笛子，也不知道天为什么会打雷。生活就是老师，教他们怎样不挨揍，怎样逃离危险，怎样一步步进化。

【设计理念】

一年级新生刚刚入学，从幼儿园到小学的生活转变需要时间适应。孩子对小学生活充满好奇，也充满疑问。同时，家长和孩子之间也存在着分离焦虑，家长对学校不熟悉，担心孩子的在校情况。为此，我特地设计了这个亲子阅读活动，以轻松愉快的方式，让孩子了解小学生活的学习规则，让爸爸妈妈有机会进入校园，了解校园，陪伴孩子。

【活动对象】

一年级新生20～30对亲子家庭。

【活动目的】

（1）通过亲子读书会活动，培养阅读兴趣。

（2）帮助缓解分离焦虑，增进亲子感情。

（3）帮助新生适应小学生活，了解小学的学习作息和校园规则。

【活动准备】

（1）策划好读书会流程，挑选合适的绘本故事，制作流程PPT。

（2）招募主持、故事妈妈、游戏义工、秩序义工、摄像义工、记录义工。

（3）准备活动场地、播放设备，签到表。

（4）准备游戏道具：色子4～6个，大富翁地图（提前画在地上，或者用色纸标上数字按地图摆放）。

（5）座位安排：孩子统一坐前面，父母坐后面（座位分开有利于孩子们互相熟悉和互动，减少家长对孩子活动表现的干预）。

【活动过程】

（一）破冰游戏

主持人带领孩子做手指操小游戏（选取幼儿园孩子们都熟悉的游戏，可以让孩子产生熟悉感，放松心情，集中注意力）。

一只手指头，变变变，变成毛毛虫，爬爬爬。

两只手指头，变变变，变成小兔子，跳跳跳。

三只手指头，变变变，变成小花猫，喵喵喵。

四只手指头，变变变，变成小螃蟹，爬爬爬。

五只手指头，变变变，变成小老虎，跑跑跑。

（二）介绍读书会

1. 什么是读书会

读书会是由阅读引导员带领一群有阅读兴趣的人，定期组织的对一本或几本书、读物、文本进行的阅读、讨论和分享的读书活动及与之相关的其他活动。

2. 亲子读书会的目的

激发孩子阅读兴趣，启发孩子思考，促进亲子交流，改善或提高亲子良好关系。

（三）介绍读书会规则

保持安静、保持场地清洁。家长手机静音，尊重孩子，不勉强，不干扰（现场要求父母手机静音，尊重孩子的回答意愿）。

（四）介绍本次读书会流程

（1）绘本故事《从前的从前没有学校》。

（2）绘本故事《我要上学啦》。

（3）开学系列好书推荐。

（4）延伸活动《上学大富翁》。

（五）讲述故事《从前的从前没有学校》

1. 故事导入

欢迎小朋友们进入小学学习，大家都知道我们是在学校里学习的，现在是小学学校，将来有中学学校、大学学校。可是，在很久很久以前，没有学校的时候，小朋友是怎样学习的呢？让我们进入故事《从前的从前没有学校》来看一看吧。

2. 绘声绘色讲述故事

讲故事过程中先邀请孩子们观察图片，看看小野人在干什么，再阅读文字。这本绘本的文字，每一页都以"从前的从前没有学校"开始，读过几页后，孩子们会很自然地和故事妈妈一起读这句话。

（六）讲述故事《我要上学啦》

1. 故事导入

有没有小朋友分享一下，每天上学都准备了些什么呢？（邀请孩子分享）

谢谢你的分享，除了准备学习用品外，我们还需要准备什么呢？让我们进入故事看看吧。

2. 绘声绘色讲述故事

讲故事过程中先邀请孩子观察图片，说一说故事中每个小朋友的姓名和特点，再根据页面内容进行互动。

自己会准备什么学习用品？有没有交到新的好朋友？觉得学校漂亮吗？知道学校有些什么场所吗？下课的时候会玩些什么？有哪些课程？你喜欢哪个课程呢？上课的时候有些什么规则？在学校最喜欢的环节是什么？等等。

3. 总结

我们不仅要准备好学习用品，还要准备好心情，熟悉学校环境，认识新的朋友，了解课堂规则。

（七）"开学了"主题绘本推荐

（1）《阿诺去上学》：［荷兰］伊冯娜·雅克腾伯格/著·绘，赵博/译，广西师范大学出版社。

内容简介：这是阿诺上学的第一天，他有点儿不知所措。当阿诺走进教室，所有的孩子一齐看向他，他紧张得想马上回家。有一个女孩拉起阿诺的手去座位，但是阿诺一点儿也不想拉手。接下来开始上手工课，老师建议阿诺做一条漂亮的链子，他更想画画，可是他不敢跟老师说。音乐课上，老师让阿诺扮演音乐里的小狼，阿诺扮演得好极了，他喜欢上了这个游戏，也喜欢上了跟

同学和老师相处。

（2）《我讨厌上学》：［英］珍妮·威利斯/著，［英］托尼·罗斯/绘，柳漾/译，广西师范大学出版社。

内容简介：老师是蟾蜍，教室是洞穴，吃饭时吃的是虫子饭和兔子便便，课程毫无趣味，表现不好还会被老师鞭打到流血，甚至被扔出窗户，连同学们都是海盗！小女孩不喜欢学校，于是把学校想象成了上面的样子。可是到了故事最后，当小女孩终于可以离开这所学校的时候，她却哭了，这是为什么呢？其实她一点都不讨厌学校，相反，她对学校有着深深的眷恋。充满悬疑的故事情节、调皮的故事主角和充满童趣的故事，引人入胜。

（八）延伸活动：《上学大富翁》

1. 游戏介绍

本游戏模拟孩子早上离开父母（父母在起始点掷色子，孩子根据点数前进），到学校一天的学习，可能因好的行为习惯受到奖励，也可能因不好的行为习惯受到惩罚，但放学了，还是会回到父母身边（游戏起始点即终点）。

2. 游戏规则

（1）以家庭为单位，一位家长带一位孩子。

（2）游戏分轮进行，每轮4～6组家庭。

（3）所有家庭站到起始点，由父母掷色子，孩子根据点数前进。

（4）完成到达点的奖励或惩罚。

（5）率先到达终点的家庭获胜。

3. 游戏地图

（展示《上学大富翁》地图）

《上学大富翁》地图上数字代表的意义和奖惩规则如下。

数字①表示起点；

数字②表示正常；

数字③表示自觉起床，按时上学，前进三格；

数字④表示贪睡1分钟，结果迟到10分钟，回到起点；

数字⑤表示待人有礼貌，主动和老师、同学问好，前进两格；

数字⑥表示正常；

数字⑦表示正常；

数字⑧表示上课没有认真听讲，后退两格；

数字⑨表示正常；

数字⑩表示上课积极思考，举手回答问题，再投一次；

数字⑪表示主动帮助同学一次，前进一格；

数字⑫表示正常；

数字⑬表示上课和同学打闹，被叫到老师办公室，回到起点；

数字⑭表示正常；

数字⑮表示当上小组长，前进一格；

数字⑯表示正常；

数字⑰表示正常；

数字⑱表示书写工整，被老师表扬，前进一格；

数字⑲表示正常；

数字⑳表示爱阅读，荣获阅读小达人称号，前进三格；

数字㉑表示正常；

数字㉒表示和同学分享学习用品，前进一格；

数字㉓表示正常；

数字㉔表示放学没有按时回家，让妈妈着急，后退三格；

数字㉕表示正常；

数字㉖表示回家自觉完成作业，不用妈妈催，再投一次；

数字㉗表示正常；

数字㉘表示正常；

数字㉙表示正常；

数字㉚表示终点。

（九）活动总结

祝愿孩子们都能有个愉快的小学生活。

【活动反思】

活动过程中，有趣的故事情节让孩子们开怀大笑，踊跃地举起小手回答故事妈妈的提问。每每读到"从前的从前没有学校"这句话，孩子们都自动地跟随老师齐声朗读，甚至有妈妈很久后反馈，孩子在家里经常说这句话，并且模仿故事妈妈的语音语调。

互动环节，父母和孩子协同合作，共同参与，在起点时，爸爸妈妈摇出点数，看着孩子按点数跳离自己的身边，就好像孩子离开自己进入校园学习，按地图前进，孩子可能因好的行为习惯受到奖励（前进），也可能因不好的行为习惯受到惩罚（后退），最终回到游戏的起点，回到爸爸妈妈的身边，就像孩子结束一天的学习，重新回到爸爸妈妈身边一样。

精心设计这个互动，家长和孩子都玩得非常开心，同时又缓解了分离焦虑，孩子还能了解到哪些行为习惯是会获得表扬的，一举多得。

友谊与包容

绘本故事《南瓜汤》《最好喝的汤》
读书会设计方案

李莉萍

【活动主题】

友情与感动

【活动绘本】

（1）绘本名称：《南瓜汤》《最好喝的汤》。

（2）《南瓜汤》出版信息：［英］海伦·库伯/文·图，柯倩华/译，明天出版社。

（3）《南瓜汤》内容简介：在一座古老的小白屋里，鸭子、猫、松鼠在煮一锅南瓜汤，它们各司其职。有一天，鸭子不满分工，和好朋友吵架，离家出走，于是一场搞笑的闹剧就上演了。

（4）《最好喝的汤》出版信息：［英］海伦·库伯/文·图，漪然/译，明天出版社。

（5）《最好喝的汤》内容简介：这本书是《南瓜汤》的续集，猫、松鼠和鸭子在南瓜园里一个成熟的南瓜都找不到，而南瓜汤是它们唯一爱喝的汤，于是猫和松鼠做出了别的好喝又营养的汤，但是鸭子怎样都不喝，最后猫费尽心思终于做出和南瓜汤颜色一样的汤，挑剔的鸭子会喜欢吗？

【设计理念】

这是一套关于友情的书，总共有三本，分别是《南瓜汤》《胡椒南瓜汤》《最好喝的汤》。围绕活动目的、基于活动时间，我选择了《南瓜汤》《最好喝的汤》这两本书。这套故事讲述了猫、松鼠和鸭子三个好朋友在一起的生活日常，在故事开始它们和谐美满，但是随着鸭子的登场顿时拉开了冲突和争论的帷幕。故事中有欢笑和泪水，也有悲伤和感动。相信你在看过之后会羡慕它们的友谊，并被它们发自内心的真爱感动。故事从头到尾没有一句说教，但它所蕴藏的智慧和力量将会长久地留在孩子心底，并悄悄地影响他们今后的人生。

【活动对象】

一、二年级20或30对亲子家庭。

【活动目的】

通过阅读引导孩子如何与身边的同学相处，体悟互相配合、团结合作的重要性，让孩子明白真正的友谊不是风平浪静，不是相安无事，而是在冲突过后能够互相包容、互相谦让，重归于好。

【活动准备】

（1）策划好读书会各项流程，故事义工提前熟悉故事。

（2）招募主持、故事妈妈、摄影义工、游戏义工、秩序义工、记录义工。

（3）提前联系活动场地，调试活动设备，准备PPT、翻页笔，打印签到表。

（4）游戏道具：空矿泉水瓶2个，树脂小物件10个（分别系上一小段绳子）。

【活动过程】

（一）故事导入

（1）主持人自我介绍、义工介绍、主题介绍。

（2）和孩子做一个爱的小约定：保持安静、保持场地清洁。

（3）家长手机静音，尊重孩子，不勉强、不干扰。欢迎家长踊跃发言。

（二）介绍读书会流程

（1）绘本故事《南瓜汤》。

（2）绘本故事《最好喝的汤》。

（3）延伸活动：深井大逃脱。

（4）绘本推荐：《胡椒南瓜汤》《我有友情要出租》《蹦蹦和跳跳系列》。

（三）讲述故事《南瓜汤》

1. 故事导入

小朋友们，你们都喜欢喝什么汤呢？那你们喝过南瓜汤吗？是什么颜色的，又是什么味道的呢？我们来看看封面上有哪些小动物？小猫、鸭子、小松鼠，它们就是今天故事的主人公，它们三个都特别喜欢喝南瓜汤。那接下来将发生怎样的故事呢？

2. 故事讲述

（1）展示绘本前后的蝴蝶页。

问：黄色的蝴蝶页代表的是什么呢？为什么作者要把它设计成黄色的呢？

答：黄色是南瓜汤的颜色，这样和南瓜汤相符。

（2）展示书名页。

问：你们在书名页上看到了什么呢？

答：一碗南瓜汤。

问：非常好，一碗南瓜汤刚刚出炉，热气腾腾的，还有呢？

答：昆虫、南瓜、琴、碗，上面还有鸭子的图案，那个勺子上也有松鼠的图案……

问：嗯，是的。书名页上出现的东西和人物都是这个故事当中的主角或者重要信息。这两个小昆虫在后面的故事当中也会出现，小朋友们可要仔细观察哦。

（3）讲述正文内容。

① 声情并茂地讲述故事，带领孩子观察画面，找出小白屋中有哪些和南瓜相关的物品；书名页出现的两只小昆虫在故事中又躲在哪里？

② 观察图画与文字之间的关系，体味文字怎么传达图像的含义。

③ 有一天早上，鸭子起了一个大早，去够那把挂在墙上、本不属于它的汤勺。于是伴随着"哐啷"一声巨响，汤勺掉了下来，不但图画里的猫和松鼠被震醒了，连我们也被吓了一跳。这时，"哐啷，汤勺掉了下来"几个字的字体

突然醒目地放大了，变形了，好像和汤勺一起掉了下来。这种排列方式，显然是打破了一般图画书文字排列的规则。

④ 前面和谐美满的部分一直是以左边文字、右边彩页的形式表现，而鸭子去到厨房拿汤勺的部分，画面发生了改变：左右两页的场景分别增加了图画和文字。其中，图画变窄，更加突出主角；文字变形，更加形象地传达了故事。

3. 观察图画，找到其中隐藏和象征的含义

鸭子离家出走，猫在南瓜园找鸭子时，南瓜长虫子象征着什么？一、二年级的孩子只知道是南瓜坏了，但是三、四年级的孩子会说南瓜是它们之间友谊的象征，是作者在暗喻它们的友情将会变质，鸭子的处境将会发生危险等。

4. 穿插提问

（1）在鸭子打乱了原本的分工之后，猜猜还能做出美味的汤吗？为什么？

（2）在冲突发生后，说说鸭子会去哪里，猜猜它后面是否还会回来，为什么？

（3）在等待时猫和松鼠的心情如何？画面中又是如何体现的呢？

（4）故事的最后冲突再次发生了，鸭子还能吹到风笛吗？

5. 故事讨论

（1）你最喜欢故事里的哪只小动物，为什么？

（2）你觉得什么样的朋友才算是真正的朋友？

（四）讲述故事《最好喝的汤》

1. 故事导入

刚刚××妈妈讲的《南瓜汤》好听吗？你们喜欢吗？想不想知道它们接下来又会发生怎样有趣的故事呢？那就和我一起来看这本续集《最好喝的汤》吧！

2. 故事讲述

（1）展示封面。

观察封面中汤的颜色，猜猜这是什么汤？最好喝的汤还会是南瓜汤吗？

（2）展示前后的蝴蝶页。

问：首先，我们来观察画面中的背景颜色，依旧是黄色。它代表的仍然是前面所说的南瓜汤对吗？

答：是的。

问：来看看图中有谁？说说它们在干什么？

答：有很多密密麻麻的昆虫，我猜它们背着汤勺，肯定要去喝汤。

问：嗯，大家分析得很有道理。那我们来看看是否真如你们所说，这些昆虫是去喝汤的呢？其实在故事中，除了鸭子、松鼠和猫咪之外，它们也将会是一条主线哦！

（3）粉红汤配料表。

配料表的组成部分包含哪些？说一说食材、制作方法、制作过程、注意事项。鼓励孩子在家观察妈妈是怎么做菜的，并把它写下来（以书中的粉红汤配料表为例）。

（4）讲述正文内容。

① 绘声绘色地讲述故事，带领孩子观察画面，看看小昆虫们在做什么？可以用昆虫的视角串联成一个独立的故事。

② 松鼠钓鱼的场景，故事文字中并没有表现出来。可以让孩子看图说话，锻炼孩子的逻辑思维和语言文字的表达能力。

3. 观察图画与文字之间的关系

仔细观察图画与文字之间的关系，体味文字怎么传达图像的含义。

（1）集市上各种蔬菜的文字排列，形象地展现了集市的风貌。

（2）作者用五幅不同的画面线性连续地描述了鸭子在不同的时间所做的事情：抱怨、脚疼、累、哭闹、打滚的场景。

（3）文字部分中大号的字体表示了什么情绪？（例如，我不喝！你活该挨饿等）

4. 穿插提问

（1）南瓜园里没有南瓜，那就做不成南瓜汤了。猜猜它们会怎么做？如果是你，你又会怎么办呢？

（2）赶集是什么意思？有哪位同学去过吗？可以和大家分享一下是怎样的一幅场景吗？（如果没有同学分享，故事妈妈需要自行准备）

5. 故事讨论

（1）为什么这次煮的不是南瓜汤，却还是世界上最好喝的汤呢？

（2）你有好朋友吗？你和他做过的最令人难忘的一件事是什么？

（五）延伸活动

1. 游戏名称

深井大逃脱。

2. 设计思路

南瓜汤系列主要点讲的就是合作以及和朋友之间的谦让包容，于是我设计了"深井大逃脱"延伸活动。分别在2个矿泉水瓶里放置5个用绳子捆好的小物件。每次仅容许一人通过，如果每个孩子都急着得第一，肯定会卡住，出不来。所以在这个游戏中，孩子必须互相配合谦让才能在最短的时间内快速逃脱。

3. 游戏规则

（1）游戏分为两组，每组5人。

（2）各位主人手持拉绳准备好，待口令声响，快速从中逃脱。比比哪组最快，用时最短。

4. 活动注意

（1）准备的物件大小要能恰好从瓶口出来，不能太大，也不能太小。

（2）提前招募义工计时和维持现场秩序。

（3）活动结束后让孩子总结分享经验，到底怎样才能快速地逃出深井？为什么？

（六）书籍推荐

《胡椒南瓜汤》《我有友情要出租》《蹦蹦和跳跳系列》。

【活动反思】

（1）整场读书会，故事讲述幽默风趣，游戏设计精彩好玩。

（2）需要注意如下三个方面。

① 各类义工一定要提前招募，分工尽量具体化、精细化。提前告诉义工需要做什么？怎么做？为了让活动整体更加流畅，故事妈妈需要提前熟悉并试讲故事，策划人、主持人和故事妈妈等需要串好整体流程。

② 本次活动义工还可以适当增加，延伸活动中剩下的孩子全部想上台来看，可以适当地增加游戏道具或游戏次数。

③ 游戏过程中注意引导孩子。游戏总结部分要留出时间，先让孩子思考阐述，家长千万不要提前点破。在成长过程中，孩子之间出现争吵的现象是很正常的，然而良好的沟通与谅解可以使友情升温。协调和美满只是暂时的，冲突不可避免，但冲突并不可怕，因为他们之间有着深深的爱。

整个故事从头至尾没有一句说教，但它所暗含的生活逻辑和感人力量将会长久地留在孩子心里，并悄悄地影响他们今后的人生。

机智勇敢智慧

绘本故事《穿靴子的猫》读书会设计方案

陈　珍

【活动主题】

经典阅读《穿靴子的猫》

【活动绘本】

（1）绘本名称：《穿靴子的猫》。

（2）出版信息：［美］马尔科姆·阿瑟/文，［美］弗雷德·马塞利诺/图，彭懿、杨玲玲/译，二十一世纪出版社。

（3）内容简介：一只聪明的猫要帮助它穷困潦倒的主人翻身，于是它向主人要了一双靴子和一个布袋，穿过荆棘到森林里打猎。它把每次获得的猎物都献给了国王，它用机智和勇敢打败了富有的食人妖魔，最终帮助主人得到了国王的青睐和公主的爱慕。

【设计理念】

这是一本改编自民间故事的绘本，语言简洁，画风生动有趣，易读易懂。我读了一遍就想着要讲给孩子们听，因为道理不难懂，要想让孩子体会到故事的魅力和正能量，那么需要他们参与到故事里来，于是我策划了这次读书会。

有人批评穿靴子的猫是空手套白狼，是投机主义，但我认为追求幸福是人的本能和权利，对贫困与强大势力的恐惧，迫使我们运用智慧寻找办法解决问题，从而达成目标，有何不可呢？穿靴子的猫身处逆境不屈不挠，运筹帷幄，在不伤害别人的前提下为自己和主人争取到了一个美好的结局，可谓皆大欢喜。

【活动对象】

二年级学生。

【活动目的】

（1）感知故事内容，让孩子尝试讲故事、编故事。

（2）传达积极的人生观：运用机智、勇敢和智慧改变我们的生活。

【活动准备】

（1）熟悉故事内容、结构、语言和图画。

（2）了解绘本的文图作者背景，搜索同名动画电影。

（3）准备延伸活动用的手影道具：一个空纸箱、一张大白纸、一把手电筒或者手机打开照明功能。

【活动过程】

（一）故事导入

（1）这本绘本是作者根据法国《佩罗童话集》中《穿靴子的猫》改编的，《佩罗童话集》还包括《灰姑娘》《睡美人》和《小红帽》。这部作品还在2011年被美国梦工厂公司改编为动画电影，那是一只仗剑走天涯的侠客猫，推荐孩子们观看。

（2）孩子们都见过猫，对吗？你见过的猫是什么样的呢？穿靴子的猫你见过吗？是不是很奇怪，为什么会穿靴子呢？我们一起走进故事，看看这只穿靴子的猫跟我们见过的猫有什么不一样。

（二）故事讲述

这个故事讲述和理解都非常简单，提出以下问题，让孩子带着问题完整地听一遍故事。

（1）从扉页里你可以看出哪些信息？猫在干什么？跟后面的内容有什么关系吗？（问题目的：引导孩子观察，通过磨盘和谷子可以看出是在磨坊里，老鼠想偷吃谷子，猫虎视眈眈，正准备扑向老鼠，这是猫的日常生活。猫和老鼠之间会发生什么故事吗？你猜想的故事是否跟作者吻合呢？）

（2）在第一幅画面里你能分别找出老大、老二、老三吗？（问题目的：特征非常明显，找出来非常简单，可以激发孩子看图的兴趣，使孩子获得读懂图的成就感。）

（3）为什么人们都会听猫的话？（问题目的：这一定是一个有着不同答案的问题，就看孩子怎么说，无论孩子的回答是什么，在不否定想法的同时，我们都要将其引导到正向积极的一面。）

（4）为什么猫可以战胜食人妖魔？（问题目的：以弱小战胜强大，让孩子学会勇敢面对困难，并且积极思考去化解困难。）

（三）故事小结

（1）引导孩子仔细观察猫在每个环境中的不同表情与动作，理解猫的多面性是猫成功的主要原因。（猫躲在树后面等着兔子钻进口袋时全身绷紧眯着眼睛，一脚前一脚后时刻准备收绳子时谨慎而专注；猫把兔子献给国王时恭敬而得意；猫对它的主人说悄悄话时古灵精怪；猫吩咐农民撒谎时颐指气使；猫面对食人妖魔时眼珠转动飞速思考；最后帮助主人改变命运时的骄傲自豪……）

（2）这个故事让你印象最深刻的是什么？

（3）回顾猫帮主人干的三件大事：用苦肉计换来国王和公主的青睐；为侯爵显示财富；为侯爵赢得城堡。你认为猫为什么可以成功帮助主人和自己改变命运呢？

（四）延伸活动

以下两个活动任选一个即可。

1. 玩手影编故事

为了让孩子更好地理解如何玩手影，我们可以先给孩子展示一些手影的图片或者视频，帮助孩子理解游戏的玩法。然后将孩子分组，每个人做不同或相同的手影，一边玩一边口述故事，不在乎故事情节的合理性，整个情节能连上就可以，主要激发孩子编故事的兴趣和在游戏中互动的快乐。

2. 故事新编

通过前面对故事的讲述和总结，引导孩子接着绘本故事往下编，可以充分调动孩子的创作兴趣，也能加深孩子对故事的理解。

【活动反思】

这节故事课堂主要想激发孩子们创编故事的兴趣，孩子们真是天生的故事大王，总能出现我们意想不到的结果。在日常阅读时，如果我们能稍加引导，对孩子来说，就是一次又一次的锻炼。

绘本故事《小狗卫兵》读书会设计方案

刘 晶

【活动主题】

保护自己，善于与人相处

【活动绘本】

（1）绘本名称：《小狗卫兵》。

（2）出版信息：郑渊洁/著，王瑞昆/绘，二十一世纪出版社。

（3）内容简介：小狗从小胆子比较小，但是当它发现别人都有梦想时，自己也想寻找一个奋斗的目标。爸爸说狗狗一直是看家护院的能手，是最棒的卫兵，所以小狗就决定当一名卫兵。但是当卫兵并不简单，先要从保护好自己开始。爸爸教会了小狗保护自己的办法，很快小狗便发现了周围的很多小伙伴并不知道如何保护自己，有些小动物正在被坏人侵犯！小狗要怎样挺身而出呢？

【设计理念】

读书会是智慧的加油站，是释放正能量的"朋友圈"，在空气清新的户外开展一次亲子读书会，与一群志同道合的友人聆听故事、相互学习，这是一件多么美好的事情。

此次读书会选用绘本《小狗卫兵》，这本书也是郑渊洁《十二生肖》系列故事绘本之一。从这个故事中，孩子们能找到自己的影子，而家长传授不到的安全防身知识也能在这里找到答案。把这本绘本故事带到户外，它便成了一部可以互动表演且寓教于乐的亲子好剧。

【活动对象】

一年级学生。

【活动目的】

（1）户外读书会能营造轻松愉快的读书氛围，开阔孩子们的视野。

（2）通过该绘本故事，让孩子在快乐阅读的同时养成好习惯。

（3）让孩子们习得一些自我保护的理念和知识。

【活动准备】

（1）绘本用书。

（2）可在户外将绘本立起的支架；书夹。

（3）游戏活动所需道具：小地垫若干；游戏用音乐；音乐播放器。

（4）提前招募好来听故事、做游戏的家长义工和学生。

【活动过程】

（一）故事导入

小朋友们，公鸡擅长打鸣，小马擅长奔跑，你们知道小狗擅长什么吗？没错，就是守卫家园。可是你知道吗？小狗还非常擅长保护自己的身体。你也想成为保护自己身体的小卫兵吗？让我们看看小狗是怎么做的吧！

（二）故事讲述及提问

（1）每天早上当太阳升起来时，小公鸡都会做什么呢？（同学们齐声说：打鸣。）对了，说得非常好！你们知道吗？每天小狗听见小公鸡打鸣都羡慕得不得了呢！于是，它也开始练习打鸣，可是总打不好，小狗就觉得自己不如小公鸡，感到很伤心……

（2）你们知道小狗的问题出在哪里吗？小狗的爸爸告诉它，每个生命都有自己的特点，不要拿自己的短处和别人的长处比。

（3）那么小狗的长处是什么呢？大家想一想。狗爸爸告诉小狗，是当卫兵。于是，小狗立志要当一名出色的卫兵！狗爸爸听了很高兴，它告诉小狗当卫兵要先从学会保护自己开始。怎么保护自己呢？小狗很困惑，你们知道吗？

（4）狗爸爸开始给小狗上课："要知道，人的身体内部非常重要，皮肤就是保护身体的万里长城。所以，每个孩子都要学会保护好身体内部与外界的通道。如果不保护好会怎样呢？对呀，那些可恶的细菌和病毒就轻而易举地进入身体里去了。而人体内部和外界的通道有三处：嘴、解大便的地方和解小便的地方。这三个地方呀，除了爸爸妈妈和自己，别人都不能碰、不能摸！如果有人碰了，要躲开，并立即告诉爸爸妈妈。"

（5）从此，小狗每天都守护着自己身上的三个通道，不让任何人侵犯。小狗还把保护自己身体的方法告诉了小伙伴们。你们说，小狗会如何告诉小伙伴们呢？猜一猜它会怎么说？

（6）不问不知道，一问吓一跳！小牛听了大吃一惊，原来它舅舅在抱它的时候侵犯过它；小猫的邻居原来也不是好人，它常常拿鱼哄骗小猫到家里去"玩"；小马的老师也有问题，它常常把小马单独叫到办公室，然后对小马动手动脚。小狗和小伙伴一起回到家里问爸爸，爸爸听了之后立刻报了警。警察叔叔抓走了小牛的舅舅、小猫的邻居和小马的老师。它告诉大家，对孩子不怀好意地动手动脚，无论是谁，都是犯罪。孩子们要学会保护好自己的身体，并要尊重他人的隐私。

（7）小狗当好了保护自己身体的卫兵，那么，你们能当好保护自己身体的卫兵吗？要怎样才能当好小卫兵呢？想一想，只有谁可以触碰你的身体？为什么？

（三）延伸活动

1. 游戏名称

保卫地盘大作战。

2. 游戏导入

小朋友们，你们学会了如何保护自己，现在要请你们保护属于自己的"地盘"咯！

3. 游戏过程

将若干张小地垫铺在地上围成圈，参与者围着地垫站一圈（地垫数量要比参与人数少一张）。播放音乐，参与者围着圈行进，当音乐停止时，参与者立即站在地垫上抢占位子，未抢占成功者本轮淘汰，撤出一张垫子，游戏继续，直至决出最后一位胜利者。

4. 好书推介

《小狗卫兵》是童话作家郑渊洁《十二生肖》系列故事绘本之一。这套丛书包含了脍炙人口的十二个动物主角，作者在这套绘本的创作中赋予了这些动物憨厚可爱的卡通形象，它也是郑渊洁送给孙女的好习惯绘本，它很容易让孩子从亲切的十二生肖动物中找到自己。这些小动物经历的故事以及身上体现的美好品质都将潜移默化地根植于孩子们的内心。好好吃饭、多多喝水、乖乖刷

牙、安全游戏与出行、爱护眼睛、保护自己、善于与人相处、独立思考、爱爸爸妈妈，让孩子在快乐阅读的同时养成好习惯。

【活动反思】

近年来，儿童性侵事件逐年上升，从小对孩子进行到位的性教育和防性侵教育非常必要。对孩子进行性教育最合适的人选是父母，在郑渊洁教子秘籍中有一句话说得很好："不是所有的孩子都会得乙脑，但是要给所有的孩子打乙脑预防针。"同样，不是所有的孩子都会被性侵，但要给所有的孩子打预防针。这本绘本就是讲了这样一个故事。

《小狗卫兵》中的小狗原本是一位看家护院的能手，有做卫兵的天赋，但是小狗作为卫兵的第一个任务就是要"保护自己"。通过故事向孩子传达出：身上的哪些区域是陌生人甚至熟人不可触碰的。故事渗透了亲子间难以传递的安全启蒙教育，也让孩子从小树立自我保护的意识和习惯，这将让他们受用一生。

认识便便，热爱自然

绘本故事《是谁嗯嗯在我的头上》
读书会设计方案

谭凤莲

【活动主题】

是谁嗯嗯在我的头上

【活动绘本】

（1）绘本名称：《是谁嗯嗯在我的头上》。

（2）出版信息：［德］维尔纳·霍尔茨瓦特/文，［德］沃尔夫·埃布鲁赫/图，河北教育出版社。

（3）内容简介：本书通过幽默有趣的故事情节，带领孩子认识各种动物的大小便，满足其好奇心，帮助孩子正确地面对大小便。书后特别增辟"亲子共读"单元，针对每一种动物的吃、喝、拉、撒做了详细的介绍，让孩子进一步了解动物的食性、消化功能或排泄方式，是一本趣味性及知识性兼具的图画书。

【设计理念】

儿童在某一个阶段对"屎尿屁"特别感兴趣。《是谁嗯嗯在我的头上》这个故事诙谐有趣，通过小鼹鼠寻找"嗯嗯"的主人过程，让孩子们认识各种动物的"嗯嗯"，故事既有科普知识，又生动有趣，极大地引起孩子们的阅读兴趣。

【活动对象】

一年级学生。

【活动目的】

（1）通过绘本剧表演，激发孩子阅读兴趣。

（2）让孩子认识多种动物及动物们不同的"便便"，激发孩子对大自然生物的热爱。

【活动准备】

（1）阅读故事，设计故事PPT。

（2）准备表演道具：每种小动物的头箍（用卡纸制作），绘制每种小动物的便便卡片。

（3）邀请一位小助手扮演小鼹鼠，故事妈妈扮演其他小动物，按照故事情节事先排练一遍。

（4）其他准备：播放设备，PPT播放义工。

【活动过程】

（一）故事导入

（1）自我介绍：大家好，我是××妈妈，今天要和大家讲一个非常有趣的故事。

（2）出示一张山羊的便便卡片，提问，有谁知道这是什么呢？

（邀请2～3位孩子回答，孩子们的答案五花八门，有的说是咖啡豆子，有的说是种子，有的说是小石头）

大家猜得对不对呢？让我们进入故事看看吧。

（二）故事讲述

（1）请PPT播放义工播放PPT，邀请小鼹鼠表演者上台。

（2）介绍绘本作者及出版社。

（3）故事妈妈一边绘声绘色讲述故事，一边和小鼹鼠表演情节。

故事妈妈： 有一天，一只小鼹鼠从地下伸出头来，开心地迎着阳光说。

小鼹鼠： （睡醒状，揉眼睛，伸懒腰）哇，天气真好。

故事妈妈： 这时候事情发生了，一条长长的好像香肠似的嗯嗯掉下来，糟糕的是，它正好掉在小鼹鼠的头上。

小鼹鼠：（快速把头箍转成嗯嗯那一面，生气状，手插着腰大叫）搞什么嘛，是谁？居然嗯嗯在我的头上？

故事妈妈：这时有一个影子闪过去，但是小鼹鼠的视力不好，看不清楚到底是谁。

故事妈妈：（戴上鸽子头箍扮演鸽子飞翔）这时候一只鸽子飞过来了，小鼹鼠赶紧跑上去。

小鼹鼠：（跑到鸽子面前）是不是你嗯嗯在我头上？

故事妈妈（鸽子）：不是我，不是我，我的嗯嗯是这样的。（侧对舞台做嗯嗯状，然后将嗯嗯卡片交给小鼹鼠，飞走）

小鼹鼠：（嫌弃状，将卡片展示给观众）嗯，又白又黏，和我头上的不一样，看来不是鸽子嗯嗯在我的头上。

故事妈妈：（戴上马先生头箍）小鼹鼠继续寻找，来到牧场上，牧场上的马先生正在吃草。

小鼹鼠：（走向马先生）是不是你嗯嗯在我的头上？

故事妈妈（马先生）：不是我，不是我，我的嗯嗯是这样的，咚！咚！咚！（侧对舞台做嗯嗯状，然后将嗯嗯卡片交给小鼹鼠）

小鼹鼠：（捂鼻子，将卡片展示给观众）像一个个马铃薯一样，和我头上的不一样，看来不是马先生嗯嗯在我的头上。

故事妈妈：（戴上野兔头箍）小鼹鼠继续寻找，看到了正在吃萝卜的野兔。（吃萝卜状）

小鼹鼠：（走近野兔）是不是你嗯嗯在我的头上？

故事妈妈（野兔）：不是我，我的嗯嗯是这样的，哒！哒！哒！（侧对舞台做嗯嗯状，然后将嗯嗯卡片交给小鼹鼠）

小鼹鼠：（认真看一下，将卡片展示给观众）像一粒粒小豆子一样，和我头上的不一样，看来不是野兔嗯嗯在我的头上。

故事妈妈：（戴上山羊头箍）小鼹鼠继续寻找，遇到了刚睡醒的山羊。（刚睡醒的样子，打哈欠）

小鼹鼠：（走近山羊）是不是你嗯嗯在我的头上？

故事妈妈（山羊）：不是我，我的嗯嗯是这样的，嘟！嘟！嘟！（侧对舞台做嗯嗯状，然后将嗯嗯卡片交给小鼹鼠）

小鼹鼠：（嫌弃状，将卡片展示给观众）像一颗颗咖啡色的球一样，和我头上的不一样，看来不是山羊嗯嗯在我的头上。

故事妈妈：（戴上奶牛头箍）小鼹鼠继续寻找，遇到了正在吃草的奶牛。（吃草状）

小鼹鼠：（走近奶牛）是不是你嗯嗯在我的头上？

故事妈妈（奶牛）：不是我，我的嗯嗯是这样的，扑！扑！扑！（侧对舞台做嗯嗯状，然后将嗯嗯卡片交给小鼹鼠）

小鼹鼠：（捂鼻子，将卡片展示给观众）像一块巧克力蛋糕一样，和我头上的不一样，看来不是奶牛嗯嗯在我的头上。

故事妈妈：（戴上猪先生头箍）小鼹鼠继续寻找，看到戴眼镜的猪先生。

小鼹鼠：（走近猪先生）是不是你嗯嗯在我的头上？

故事妈妈（猪先生）：不是我，我的嗯嗯是这样的，扑！扑！扑！（侧对舞台做嗯嗯状，然后将嗯嗯卡片交给小鼹鼠）

小鼹鼠：（呕吐状，将卡片展示给观众）软软的，好臭，和我头上的不一样，看来不是猪先生嗯嗯在我的头上。

故事妈妈：（戴上苍蝇头箍）小鼹鼠继续寻找，远远的，小鼹鼠又看见一个家伙，正要上前质问，走近一看，原来是又大又肥的苍蝇。（嗡嗡声）

小鼹鼠：啊哈，我知道谁可以帮我了！（兴奋状，跑向苍蝇）苍蝇，苍蝇，到底是谁嗯嗯在我头上？

故事妈妈：（苍蝇）你乖乖坐好，我试试看就知道了。（戳一戳小鼹鼠头上的嗯嗯，围着闻一闻，手指沾一点尝一尝）哈哈，太简单了，这是一坨狗大便。

小鼹鼠：我终于知道是谁嗯嗯在我头上了。好哇，原来是这只大狗，我这就去找它。

故事妈妈：（戴上大狗头箍，瞌睡状）小鼹鼠出发去找大狗，大狗正在打瞌睡呢！小鼹鼠爬到它的屋顶上，扑哧一声，一粒小小的、黑黑的嗯嗯掉了下来，正好掉在大狗的头上。

（小鼹鼠悄悄走到大狗身边做嗯嗯状，然后快速离场）

【活动反思】

这个故事在讲述和表演过程中，全班孩子都乐得哈哈大笑，可见，这样简单生动的讲述方式深得孩子的喜爱，并且激发了孩子们的表演热情。于是在之后，我们迅速组织几个孩子共同进行了表演，参加学校阅读节比赛，获得了一年级组第一名。

在此之前，许多家长对这种"屎尿屁"的故事敬而远之，认为这类故事"恶心"，通过这个故事的成功示范，孩子们几乎当场就记住了故事中的语言，认识了多种动物的便便。这个话题不再被藏着、掖着，而是拿出来，和孩子们进行光明正大的科学探讨，许多家长表示，这种方式太好了。

救赎与希望

绘本故事《35公斤的希望》读书会设计方案

李莉萍

【活动主题】

折翼天使的救赎

【活动绘本】

（1）绘本名称：《35公斤的希望》。

（2）出版信息：［法］安娜·嘉瓦尔达/著，王恬/译，新蕾出版社。

（3）作者简介：安娜·嘉瓦尔达（Anna Gavalda），1970年生于巴黎，1994年任职于法国教育部，1999年以其第一本短篇小说集《我知道有人在什么地方等我》登上法国畅销书排行榜，并获得读者与专业人士共同票选的Grand Prix RTL-Lire奖（此奖乃首度颁给短篇小说作者），当时书评赞誉她为"穿着裙子的桑贝"。之后她所出版的每一本书至今仍在排行榜上，堪称法国文坛传奇。

（4）内容简介："你，讨厌学校吗？"格雷古瓦（多多）厌恶上学，非常厌恶，以致到了六年级的时候，已经被留级两次了。然而，他却有一双巧手。他喜欢在放学后黏在爷爷身边，敲敲打打，拆卸修理机械。他的父母也想帮助儿子，结果却导致家庭矛盾和争吵不断。唯一会倾听格雷古瓦心声的只有他的爷爷。爷爷很疼爱这个孙子，并教会他如何面对生活中的现状和困难。格雷古瓦终于找到了适合自己的学校，并勇敢地投出了求学信。在一个新的环境里，格雷古瓦能找到自己的方向吗？

【设计理念】

格雷古瓦（多多），一个在我们眼中特殊的不爱学校的孩子，遭遇了自信心滑铁卢，想自救却无能为力的困境，甚至一度想要放弃。这时他生命中的导师——爷爷出现了，犹如黑暗中的灯塔，给他指明了方向，使他的人生再次充满希望。这是一本充满励志的、根据真实故事改编的小说，通俗易懂。希望这本书能让孩子感受到希望的力量。

【活动对象】

三、四年级学生。

【活动目的】

我们希望通过这个真实的故事，让孩子体会书中主人公各个阶段的复杂心情，在学校生活中遇到类似的情况也能换位思考，推己及人。并希望孩子们通过阅读明白命运掌握在自己手中，在遇到问题时要积极面对，千万不要放弃自己，最重要的是让孩子无论在什么时候都对未来充满希望。

【活动准备】

（1）让孩子提前阅读整本书，带好书籍和笔等学习用具。

（2）引导员仔细通读本书，策划整场读书会及各项流程。

（3）做好摄影义工、秩序义工、记录义工的招募。

（4）提前联系活动场地，调试活动设备，准备PPT、翻页笔。

【活动过程】

（一）故事导入

（1）主持人自我介绍、义工介绍、主题介绍、爱的约定。

（2）《35公斤的希望》获得法国不朽文学奖、法国青少年最佳读物奖，是作者安娜·嘉瓦尔达撰写的第一部青少年励志小说。这本书被改编成电影、广播剧和话剧，在世界各国引起巨大反响；被翻译成21种语言，在法国本土销量超过30万册；法国、德国、日本亚马逊网站五星推荐；入选日本儿童书研究会绘本研究部编《图画书·为了孩子的500册》。

（二）讲述故事

1. 展示书名

（1）看到书名《35公斤的希望》，你有何感想？你是怎么理解的？

（2）希望是不可数名词，为什么用35公斤标注呢？它代表着什么？

2. 展示封面

仔细观察封面，你看到了什么？你能透过主人公的背影，猜测出这本书的内容吗？

（蓝色的天空、白色的云朵、折翼的翅膀、远方的灯塔、孤独的背影）

3. 讲述正文内容

我讨厌学校，那里的气味让我头疼。老师和同学都嘲笑我，体育课就是我的噩梦。回到家，爸爸妈妈总是吵架，只有爷爷是我唯一的支柱，他的储藏室是让我感到最幸福的地方。现在，我留级两次了，没有学校愿意收留我。可我不想哭，我想幸福起来，我想把命运抓在自己的手里！（朗读内容，让学生体会主人公的心情与所处的环境，熟悉整体故事梗概）

（三）环境分析

1. 家庭

（1）家庭成员包括爸爸、妈妈、爷爷、奶奶。

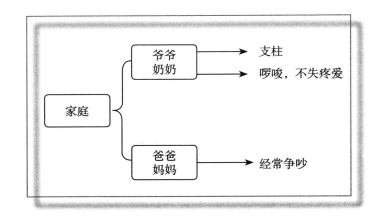

（2）谈一谈：你觉得多多的爸爸妈妈是爱他的吗？为什么？

（多数学生会联系自身家庭发言，可以试问孩子：争吵就是不爱吗？以吵不吵架来评断父母爱不爱孩子会不会太片面？你希望父母争吵时要注意什么？是避开你？还是不避开你？引导员要注意肯定孩子的感受并做正向引导）

2. 学校

（1）学校里面有老师和同学。

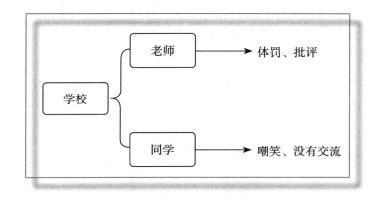

（2）说一说：如果你也处在和多多相同的环境下，你会怎么做？

（引导员需要充分肯定孩子的感受，分析孩子的行为是否能解决问题，到底怎么做才能自救、改变现状）

通过刚才的环境分析，我们不难看出多多为什么是一个丧失自信心的孩子。但是，生活还是处处充满着希望的，多多的周边也有一些正能量。

（四）正能量

1. 玛丽老师

（1）绘本内容："这个男孩有漏斗般的脑袋，仙女的手指，敏感的心灵。一定可以教育成才。"

（2）说一说：你如何理解"漏斗般的脑袋"？

（3）孩子的答案是千奇百怪的，先肯定孩子，再问问孩子为什么这么认为，并做详细分析。

2. 老莱昂

（1）绘本内容：得知我要重读三年级的时候，爷爷把我抱起来，放到他的膝盖上，给我讲龟兔赛跑的故事。我记得非常清楚，自己当时是怎样蜷缩在他的怀里，而他的声音是如此的温柔："你看，我的孩子，没有人看好这只可怜的乌龟，因为它实在是太慢了……可最后呢，它却赢了……你知道它为什么赢吗？因为它勇敢，有大无畏的精神。而你也一样，多多你是勇敢的……"

（2）找一找：老莱昂还对多多说过哪些鼓励的话？

（3）需要让孩子提前阅读本书，并给予孩子时间，从书中寻找答案。

3. 格朗中学

（1）学校涉及的人物有校长、老师和同学。

① 校长给了多多机会，录取了多多。

② 老师：喜欢（我不是班上最好的学生，甚至是最差的学生之一。再仔细想想，好像我还真是最后一名，但是老师们都很喜欢我）。

③同学：善意，鼓励。

（2）想一想：学校环境的变化对多多有着哪些方面的影响？

（3）可从语言、行为、心理等方面进行分析。

（五）成长历程

把多多在本书中的成长经历分为六个阶段，我们分别来看看。

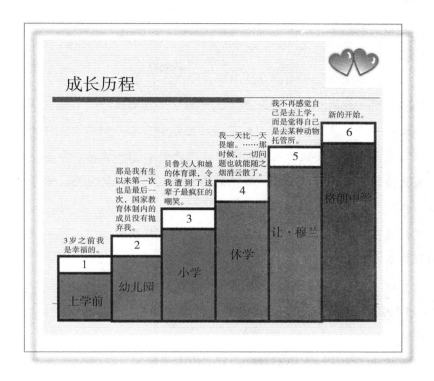

（1）上学前：3岁之前我是幸福的。

（2）幼儿园：那是我有生以来第一次也是最后一次，国家教育体制内的成员没有抛弃我。

（3）小学：贝鲁夫人和她的体育课，令我遭到了这辈子最疯狂的嘲笑。

（4）休学：我一天比一天畏缩。有时候，我心里会琢磨，如果继续这样下去，让自己不断地变小，努力让他们慢慢地忘记我的存在，也许有一天我真的会完全消失。那时候，一切问题也就能随之烟消云散了。

（5）让·穆兰：我不再感觉自己是去上学，而是觉得自己是去某种动物托管所。

（6）格朗中学：新的开始。

（可以先让孩子在书中找答案，学会找到中心句总结，再播放动画展示对多多成长经历各个阶段的总结）

（六）片段回顾

片段1

（1）请孩子朗读绘本第18页的内容，绘本内容如下。

他们终于放我回房间，我关上门，一屁股坐在地上，心里想："要么你爬上床，大哭一场，你完全有理由大哭，因为你的生活一塌糊涂，你一钱不值，你可以马上去死了；要么你就站起来，去造个什么东西出来。"这个晚上我造了一头大怪物，用的是从工地上捡来的一大堆乱七八糟的东西，我管它叫"毛毛怪贝鲁"。

我知道，这并不是聪明的方法，可至少，它能让我心里痛快一点儿，也让我的枕头没有被泪水浸湿。

（2）说一说：你在情绪低落时是怎样积极面对的？

（注意引导孩子积极正向处理调整自身情绪）

片段2

（1）请孩子朗读绘本第25页的内容，绘本内容如下。

我喜欢那些懂得将命运抓在自己手里的人！

（2）想一想：你喜欢将命运抓在自己手里还是别人手里？为什么？

片段3

（1）请孩子朗读绘本第25页的内容，绘本内容如下。

活得不幸比活得幸福要简单得多！

（2）谈一谈：你是怎样理解这句话的？

（引导员可以谈谈自己的想法，并与学生互相交流、讨论）

片段4

（1）请孩子朗读绘本第48页的内容，绘本内容如下。

你爸爸妈妈老是吵架，那并不是你的错，是他们自己的问题，根源在他们自己身上。

（2）辩一辩：你同意老莱昂的这句话吗？为什么？

（吵架只是意见不合，并不是对孩子有意见。吵架有时也是沟通的一种方式）

片段5

（1）请孩子朗读绘本第74页的内容，绘本内容如下。

我也知道，生活中，钱并不能买到所有的东西。

（2）想一想：为什么多多对这笔钱失去了兴趣？

（七）精彩讨论

（1）多多是一个这么会发明创造的孩子，你觉得他休学后不继续学习，可以吗？

（收集不同意见，注意正向引导）

（2）还记得老师曾经在你的成绩册上写过怎样的评语吗？

（引导员可以说说自己成绩册上的评语如何，感想又是如何。或现场请家长来做分享）

（3）到目前为止，对于你来说，身边最重的人是谁？为什么？

（可以是身边的人物，也可以是理想中的人物）

（八）推荐书目

国际大奖小说全册：《风之王》《扑克游戏》《贝丝丫头》《海蒂的天空》《幸福来临时》《苦涩巧克力》《最后一块拼图》《亲爱的汉修先生》《偷莎士比亚的贼》《马蒂和三个天大的谎言》。

【活动反思】

一定要让孩子提前阅读整本书并带上书籍，否则提问和讨论会很被动。在和学生交流讨论时需要充分肯定孩子的感受，注意多用积极语言并做好正向引导。孩子会很喜欢听到大人不同的意见，所以多鼓励家长分享并参与讨论，但是要注意整体时间的把控。活动结束后，全体成员都开启了照镜模式，我们对学校教育及家庭教育展开了大讨论，并进行反思；但是，对于大家后续怎样去落地、去实践、能做出多少改变，有没有效果，因为没有追踪，所以结果就不得而知了。

亲情

绘本故事《总有一个吃包子的理由》读书会设计方案

陈 珍

【活动主题】

总有一个吃包子的理由

【活动绘本】

（1）绘本名称：《总有一个吃包子的理由》。

（2）出版信息：袁晓峰/文，顾强龄/图，贵州人民出版社。

（3）内容简介：一个爱吃包子又超有想象力的小男孩，一个有爱又有趣的妈妈，他们会演绎一个什么故事呢？一个能感受甜蜜的亲子关系的故事，一个能激发孩子想象力的趣味盎然的故事。男孩长大后在美国留学时，仍然那么爱吃包子，包子给他留下的是什么样的味道呢？

【设计理念】

孩子读着《总有一个吃包子的理由》这个故事时，都能闻到包子的香味，感受到亲人的温暖，也会被故事里的小男孩逗笑吧。与其说这个故事是读给孩子听，倒不如说是读给自己听。我相信它带给父母的思考会更多，让我们用心倾听，真心接纳孩子吧，如此有趣而甜蜜的故事怎能不分享给大家呢？

【活动对象】

一至三年级学生。

【活动目的】

（1）让家长和孩子体会亲子间如何沟通才是有效的。

（2）让孩子感受家人和故乡的温暖是永恒的。

（3）让孩子跟着故事中的小主人公展开想象，爱上阅读。

【活动准备】

（1）熟悉故事语言节奏和对话方式，为生动地讲述故事做好准备。

（2）详细了解绘本的作者及她的主要代表作，从而更加深刻地感受作者要表达的内涵。

（3）准备延伸活动用的道具：关于包子的绘本故事书、包子皮和包子馅料、一次性手套、一次性筷子、装包子用的器皿、可以食用的包子。

【活动过程】

（一）故事导入

（1）这本书是孩子们非常熟悉的人写的哦，袁晓峰，不认识是吗？我为什么说你们非常熟悉呢？因为她也是一位教师，有着深圳市优秀教师和优秀校长的称号，是不是很亲切呀？她写的故事我们会喜欢吗？会不会跟学生有关呢？有没有喜欢吃包子的孩子和家长呀？这么多人都喜欢呀，你们在家做过包子吗？有发生什么有趣的故事吗？我可是跟袁老师一起参加过活动，也现场听她分享了这个故事的创作背景哦，今天读完故事后，我想你们也会懂的。

（2）吃包子还需要理由吗？想吃就做呗，不会做就买呗。大家是不是这么想的呀？那这个故事为什么要给吃包子找个理由呢？好想知道发生了什么呀，我们一起进入故事吧！

（二）故事讲述

"有个小男孩叫毛毛，他非常非常喜欢吃包子。我知道，你也爱吃。"这是书名页上的一句话，上面还有一个老爷爷在给孩子讲故事，画面上有月亮和星星，这是晚安故事吗？孩子们每天晚上睡觉前会有人给我们讲晚安故事吗？

（1）我们看一下书的前环衬，好多人在吃包子呀？看看有没有一个人像你呢？找找看。

（2）故事的主人公出场喽，一看就是个特别馋的毛毛，他能吃到包子吗？

会不会没带钱呢？可是，是他要为吃包子找理由吗？为什么要找理由呢？可能是家长不让在外面买东西吧。

（3）看看这幅画，毛毛在哪里呀？猜猜他在想什么呢？

（4）引导孩子观察每个页面，几乎每一页都可以讲个小故事。

（5）毛毛说服妈妈的那几页对话精彩有趣，可以请同学们分角色完成对话。

（6）绘本里提到包子爷爷讲的那些故事，有我们熟悉的吗？如果不熟悉就找来看看，简单的一句话是不是都很有趣，特别想知道那都是些什么样的故事吧？

（7）读完故事，你觉得毛毛是个怎样的孩子？从哪些地方可以体现出他的这些特点呢？

（三）故事小结

（1）毛毛从进家门开始就在为吃包子找各种借口，妈妈一开始没有关注到他的真实想法，想各种办法说服毛毛不吃包子，但毛毛的想象力太丰富了，找了更多理由来说服妈妈，后面还把自己读过的故事情节拿出来跟妈妈分享，这么可爱又热爱阅读又能积极思考的孩子，想吃包子的愿望当然就实现了，妈妈真心地接纳了毛毛的想法。

（2）故事的结尾画面很有趣，毛毛是做了厨师吗？开了一个包子铺？还是成了包子大王？孩子们自由发挥，接着把这个故事往下讲吧。

（3）无论我们长到多大，妈妈的味道、外婆的味道、奶奶的味道总是最难忘而美好的，那是美食的味道，还有唠叨关怀的味道，那故乡的味道呢？家长应该体会更深，希望通过今天的故事，能让家长和孩子体会到亲情的甜蜜，体会到故乡情的温暖。

（四）延伸活动

以下两个活动任选一个或两个都选。

1. 分享关于包子的故事

你读过哪些关于包子的故事？请你来分享。

在读书会之前布置这个任务，让孩子收集关于包子的故事，了解故事内容。现场请几个孩子推荐他觉得最好看的一本书，并讲讲推荐的理由。

2. 一起做包子

提前让参加读书会的家长分工准备好包子皮和不同的包子馅料，让所有家长和孩子动手一起做，做好的包子不要浪费哦，放在干净的器皿里带回家蒸好再吃，如果条件允许的话，做好就蒸是最理想的。

也请家长带一些已经蒸好的包子跟大家一起分享，让孩子们说说这时候吃到的包子跟平时在家里或者外面吃的有什么不一样呢？激发孩子的感知能力、想象能力和表达能力。

【活动反思】

这个故事说的是包子，体现的是亲情、家的味道。活动过程中，有的孩子并不喜欢吃包子，但是通过这个故事，他也能感受到这种情感。

最后的延伸活动，孩子们都玩得特别开心，为了保证活动顺利进行，需要提前准备好所有材料，并且义工要多招募几位，把孩子们分成小组，每组由1～2位义工带领。

亲 情

绘本故事《我们的妈妈在哪里》《妈妈的礼物》读书会设计方案

张洁华

【活动主题】

感恩母亲节，爱在5月

【活动绘本】

（1）绘本名称：《我们的妈妈在哪里》《妈妈的礼物》。

（2）出版信息：〔美〕黛安娜·古德/文·图，余治莹/译，河北教育出版社。

【设计理念】

母爱一直是个古老而永新的话题，当阅读遇见母亲节，会有怎样的美好发生呢？在母亲节这个温馨的节日里，通过绘本故事和亲子互动，让学生从中感受身边的母爱、学会感恩、让伟大的爱在阅读里传播。

【活动对象】

一、二年级学生。

【活动目的】

（1）通过绘本《我们的妈妈在哪里》，理解妈妈在孩子心里的形象，学会细致地观察图画，与故事互动。

（2）通过绘本《妈妈的礼物》，感受对妈妈的那份心意，乐意大胆地表达对妈妈的爱。

（3）通过绘本和亲子互动游戏，母亲能够从中感受这份温馨，孩子学会感恩、学会爱。

【活动准备】

绘本PPT；眼罩十个（可用红领巾代替）；卡纸、彩纸、胶水、剪刀若干。

【活动过程】

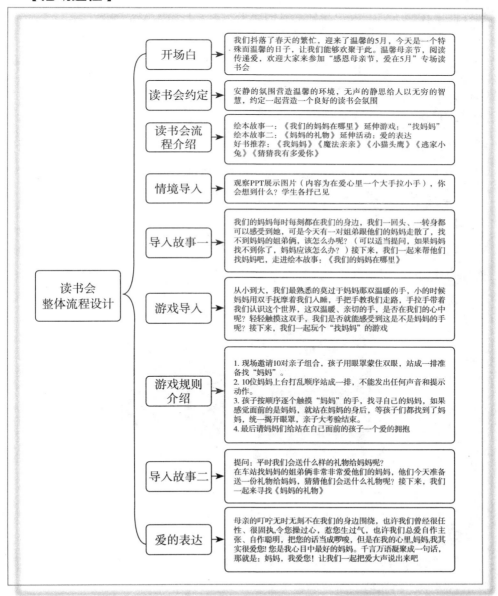

（一）读书会绘本故事赏析

故事一：《我们的妈妈在哪里》

这是一本可以和孩子进行互动的图画书故事，一个现成的游戏就藏在书里面：和孩子一起找一找，我们的妈妈在哪里？故事中警察根据孩子高度抽象的形容，带领孩子环游巴黎寻找妈妈的故事过程，一位衣着朴素、行色匆忙的普通女性，在孩子们的眼中却是绝对的完美优秀，只因为她是妈妈。

引导学生认真观察图画中的细节，感受故事中对于妈妈的形象设定。

故事二：《妈妈的礼物》

在这个故事里，小姐弟俩寻找的是一份完美的礼物献给亲爱的妈妈。什么样的礼物才能表达我们对妈妈的爱呢？跟着图画书中的小姐弟一起寻找答案吧！穿梭在古德华丽精美的图画里，一起为妈妈挑选一份爱的礼物。让我们一同体会那份为妈妈寻找完美礼物的急切心情与温暖情感吧！

（二）读书会尾声——感恩母亲节手工礼物

1. 礼物推荐

用心的礼物最可爱，在这个温馨的母亲节，让我们大手牵小手一起制作一份爱的礼物（"爱心树"或者"大手牵小手"均可，二选一）。

2. 感恩母亲节"爱心树"制作过程

（1）将妈妈的手放在卡纸上，用铅笔画出轮廓，手形树下面画一个两边对称的长方形，再用剪刀将轮廓剪下来。

（2）将彩纸剪成爱心或是自己喜欢的图案，粘贴到手形树上进行装饰。

（3）将手形树下面的长方形两边各开一个切口，并把两个切口连接起来，这样漂亮的"爱心树"就可以立起来了。

3. 感恩母亲节"大手牵小手"制作过程

（1）大卡纸上画一个大的爱心，做底座备用。

（2）将妈妈和孩子的手分别放在卡纸上，用铅笔画出手指和手腕轮廓，再用剪刀将轮廓剪下来。

（3）把大手和小手叠在一起成牵手状，"手腕"分别向两边折，固定在爱心底座上。

（4）在爱心底座上可以贴上爱心，写下对妈妈的祝福等。

（三）母亲节暖心绘本推荐

《爱心树》《妈妈你好吗？》《妈妈心·妈妈树》《我妈妈》《我永远爱你》。

【活动反思】

这场"感恩母亲节，爱在5月"读书会整体氛围非常温馨感人，在这书香弥漫的温馨日子里，与妈妈携手同行，踏上了感恩母亲节的阅读传递的爱之旅。在"找妈妈"的游戏互动中，妈妈的脸上露出了甜美的笑容，激动的话语中满是感动；在"爱的礼物"制作过程中，亲子之间的情感交流更是相得益彰，孩子收获了快乐、学会了感恩，妈妈收获了感动，在阅读中感受这份可贵的亲子时光，让阅读温暖每个家庭。